资助说明：本书获鲁东大学引进人才科研项目资助
项目名称：FDI、国际技术溢出与中国制造业产业升级研究
项目编号：WY2016021

FDI、国际技术溢出与
中国制造业产业升级研究

◎ 邓丽娜／著

FDI、GuoJi JiShu YiChu Yu
ZhongGuo ZhiZaoYe ChanYe ShengJi YanJiu

中国财经出版传媒集团

经济科学出版社
Economic Science Press

图书在版编目（CIP）数据

FDI、国际技术溢出与中国制造业产业升级研究 / 邓丽娜
著 . —北京：经济科学出版社，2016.6
ISBN 978 - 7 - 5141 - 7042 - 9

Ⅰ. ①F⋯　Ⅱ. ①邓⋯　Ⅲ. ①制造工业 - 产业结构升级 -
研究 - 中国　Ⅳ. ①F426.4

中国版本图书馆 CIP 数据核字（2016）第 146793 号

责任编辑：段　钢
责任校对：隗立娜
责任印制：邱　天

FDI、国际技术溢出与中国制造业产业升级研究
邓丽娜　著

经济科学出版社出版、发行　新华书店经销
社址：北京市海淀区阜成路甲 28 号　邮编：100142
总编部电话：010 - 88191217　发行部电话：010 - 88191522
网址：www. esp. com. cn
电子邮件：esp@ esp. com. cn
天猫网店：经济科学出版社旗舰店
网址：http：//jjkxcbs. tmall. com
北京密兴印刷有限公司印装
710 × 1000　16 开　12.25 印张　220000 字
2016 年 9 月第 1 版　2016 年 9 月第 1 次印刷
ISBN 978 - 7 - 5141 - 7042 - 9　定价：48.00 元
（图书出现印装问题，本社负责调换。电话：010 - 88191502）
（版权所有　侵权必究　举报电话：010 - 88191586
电子邮箱：dbts@ esp. com. cn）

前　　言

20 世纪 90 年代随着全球制造业的产业转移，我国制造业蓬勃发展。根据咨询公司环球通视的数据，2010 年中国占全球制造业产出的 19.8%。中国已经成为名副其实的制造业大国。然而我国制造业发展存在较多问题：处于国际价值链的中下游；经济创造力较低；产业结构不合理，以劳动密集型产业为主；"三低"产品（低技术、低单价、低附加值）占据了中国出口产品的半壁江山。以上问题严重制约了中国从制造业大国向制造业强国的转变。此外，自金融危机以来，世界需求萎缩，发达国家的"再工业化"，人民币对美元不断升值，国内劳动力成本上升，物价上涨。国内外经济形势发生的重大变化使中国制造业的生存和发展尤为艰难，矛盾不断升级，中国制造业的技术进步和产业升级迫在眉睫。

新增长理论的精髓是将经济增长的动力归因于内生的技术进步。在开放的市场条件下，技术进步不仅依赖于本国的研发而且依赖于对外国技术溢出的吸收。外商直接投资（FDI）是获取国际技术溢出的主要途径之一，改革开放以来，外国对华直接投资日益增多。2013 年外商直接投资总额 1176 亿美元，其中制造业外商直接投资总额 455.55 亿美元。国内外经贸往来为中国吸收外国技术溢出提供了条件。因此，根据经济增长的基本理论，结合我国与外部经济紧密联系的现状，从 FDI 渠道国际技术溢出的角度研究制造业的技术进步及产业升级问题是面对国内外现状的必然选择。

本书采用理论分析与实证检验相结合的方法分析和解决问题。首先，对内生增长理论、FDI 渠道国际技术溢出理论、产业升级以及 FDI 技术溢出与产业升级关系的理论进行回顾，并通过追踪当前国内外最新和前沿的研究动态，找到研究的切入点和主要问题。其次，运用经典理论并结合中国制造业的发展现状及引入 FDI 的现状，定性分析我国制造业 FDI 渠道国际技术溢出的效果、影响因素。再次，在实证分析中采用了统计学的主成分分析法和计量经济学面板数据的回归分析。最后，通过建立科学的新型制造业评价指标体系，运用主成分分析法客观评价制造业 29 个行业的技术发展水平。通过面板数据的回归分析，检验了 FDI 渠道国际技术溢出对制造业产业升级的影响。在影响因素分析中，本书用国外研发资本存量分别与除技术因素外其余各影响因素的交互项来反映不同因素对溢出效应的影响，测算各种因素对不同类型制造业国际技术溢出的影响程度。

通过理论分析与实证检验，本书主要解决以下三个问题：

一是 FDI 渠道国际技术溢出对中国制造业产业升级是否有影响？

二是从制造业内细分行业的角度研究影响中国制造业国际技术溢出的因素有哪些？

三是中国制造业产业升级的路径选择及提高 FDI 渠道国

际技术溢出效应的政策建议。

本书的创新之处在于:

第一,本书跳出 FDI 渠道国际技术溢出对技术进步及经济增长的研究框架,将研究重点转移到 FDI 渠道国际技术溢出对产业升级效应的研究范畴内。FDI 的进入为东道国带来资本和技术。资本是对东道国匮乏资金的补充属于"量"的影响,技术使东道国获得动态比较优势,是对东道国"质"的提升。因此研究者更关注 FDI 渠道国际技术溢出效应的研究,但是多数研究集中在技术溢出效应的存在性、传导机制以及对一国经济增长的影响。较少有人研究 FDI 渠道国际技术溢出对产业升级的动态影响。然而这一问题的研究更具有现实意义。因为产业升级是经济增长的持续动力,能够反映一国比较优势的动态升级。

第二,本书从制造业细分行业层面研究 FDI 渠道国际技术溢出效应的存在性。以往学者们在研究 FDI 渠道国际技术溢出的存在性和传导机制时,较多从宏观国家层面或微观企业层面分析,较少关注中观行业层面的研究。即使从制造业行业层面进行研究也没有注重制造业内部不同行业的差异性。本书的研究试图从中观行业层面切入,细致分析 FDI 渠道的国际技术溢出对中国制造业内部产业升级的影响。

第三,建立一个新的行业层面国外研发存量的公式。在 FDI 渠道国际技术溢出对中国制造业产业内升级的实证分析中,本书借鉴 LP 法(F. Lichtenberg & Pottlesberghe de la Potterie BV[①], 1998)设定国家层面研发资本存量的形式,开创

---

① F. Lichtenberg & Pottlesberghe de la Potterie BV, International R&D spillovers: a comment, European economic review, 1998, 1483 – 1491.

性地建立了行业层面国外研发资本存量的公式。

第四，将制造业内行业本身的差异性引入 FDI 渠道国际技术溢出影响因素的研究中。由于不同制造行业中的生产技术存在差异，并且不同行业生产技术的发展水平不同，因此技术进步的内涵就不同，并最终导致各因素对不同类型制造业的技术溢出的影响程度存在较大差异。许多关于国际技术溢出效应影响因素的相关研究单一化、模糊化了行业的技术差异，并未考虑各种因素对不同类型行业影响的异质性。正是从这个角度出发，本书按照要素的相对投入量将制造业科学分类，分别对不同类型制造行业的影响因素进行研究，其目的就是将行业本身的技术差异作为影响因素之一纳入 FDI 渠道国际技术溢出影响因素的分析框架中。

笔者将 LP 法设定研发变量的方式应用到行业层面、FDI 渠道国外研发资本存量的设定中，并根据知识驱动型内生增长理论建立计量模型，寻找 FDI 渠道国际技术溢出与中国制造业产业升级的关系。本书得出如下主要结论：

第一，从对 FDI 的投资方式、行业、国别及地区分布的定性分析中，可以看到外资对华制造业直接投资的国际技术溢出效果有限，甚至对某些行业的技术溢出产生阻碍。

第二，通过计量模型实证分析，肯定了外商直接投资对制造业内各行业国际技术溢出效应的存在性。从整体看，进口贸易渠道的国际技术溢出效果大于 FDI 渠道的国际技术溢出效果。但是本土研发并未促进制造业内各行业的技术进步；从三大类行业看，FDI 渠道国际技术溢出效果从高到低排序依次为资本密集型行业、劳动密集型行业、技术密集型行业。

第三，本书以制造业各行业产值占总产值的比重作为产业间升级的代理变量，实证检验 FDI 渠道国际技术溢出对产业间升级的影响，回归结果显示：从劳动密集型行业到技术密集型行业回归系数依次递减，表明 FDI 渠道的国际技术溢出阻碍了制造业内的产业结构升级。

第四，在考虑制造业内部不同行业技术差异的基础上，分别对不同类别制造业的影响因素进行回归分析。对劳动密集型行业而言，影响 FDI 技术溢出效应的主要因素依次为人力资本、市场开放度、市场竞争度；对资本密集型行业来说，影响 FDI 技术溢出效果的第一要素是行业竞争程度，第二要素是人力资本，第三要素是市场开放度；技术密集型行业中第一要素是市场开放度，第二要素是人力资本。技术密集型制造业人力资本的现状与国际技术溢出成反比。这一结果恰恰说明我国技术密集型行业中投入的人力资本素质较低，与国际技术溢出要求的人力资本门槛相距较大，阻碍了 FDI 渠道的国际技术溢出；而市场开放度越高，表明行业参与全球专业化分工程度越深，跨国公司的技术锁定效应越大。

根据理论分析与实证检验的结论，本书针对不同类别制造业，分别提出促进 FDI 渠道国际技术溢出的政策措施：

第一，对于劳动密集型制造业，以提高人力资本水平作为增进国际技术溢出效果的主要手段。建立人才引进机制，促进内外资企业间人力资本的双向流动；加大人才培养投入，改善人才供给结构。通过以上措施为劳动密集型行业吸收 FDI 渠道的国际技术溢出提供有力的人力资源保障。

第二，对于资本密集型行业，通过促进外资来源多样化，鼓励行业内企业形成战略联盟等措施，形成良性的市场竞争格局。内外资企业间的博弈性策略行为，必将有助于外资企业对内资企业的技术溢出。

第三，对于技术密集型行业，以打破外资企业对内资企业的技术封锁及锁定效应的策略为主。笔者认为应充分发挥前后向关联效应，从与互补性跨国公司建立战略联盟的角度进行突破。如鼓励跨国公司投资产业关联度高的技术密集型行业，通过产业集聚效应加强与跨国公司的联系等。

作者

2016 年 3 月

目　　录

第1章 导　　论

1.1 选题背景及选题意义

1.1.1 选题背景

1.1.1.1 发达国家的"再工业化"使中国制造面临严峻考验

2008 年金融次贷危机后，世界经济复苏缓慢。按照世界银行估算，以汇率法 GDP 汇总，全球经济增长率从 2010 年的 4.1% 下降到 2013 年的 2.4%。特别是发达国家 GDP 的增长速度令人沮丧，2013 年美国的经济增长率为 1.9%，日本为 1.6%，欧盟区经济下降 0.4%[①]。

如何使经济摆脱困境成为摆在各国政府面前的重要问题。发达国家从金融危机的教训中意识到虚拟经济的脆弱性，将经济发展的重心转向实体经济。美国政府首先提出"再工业化"。将"再工业化"作为美国重塑竞争优势的重要战略。随后其他发达国家也纷纷把制造业的振兴作为拉动经济复苏的主要途径。

在韦伯斯特词典（1968 年版）中"再工业化"被定义为："一种刺激经济增长的政策，特别是通过政府的帮助来实现旧工业部门的复兴和现代化并鼓励新型工业部门增长。"纵观发达国家的经济发展史，发达国家经历了从"工业化"到"去工业化"再到"再工业化"这样一个循环过程，这个过程不是经济周期的简单轮回，它是一个螺旋上升的过程。"再工业化"的实质是通过对制造业产业价值链的重构，促进先进制造业的发展，使制造业向高端制造环节攀升。

在发达国家再工业化浪潮的冲击下，中国制造业将承受严峻考验。首先，发达国家高端制造业回流导致对中国高端领域制造业外商

---

① 资料来源：2013 年世界经济回顾及 2014 年展望，国家统计局网站。

直接投资（Foreign direct investment，FDI）的减少。高技术领域制造业 FDI 的减少，将影响 FDI 对中国制造业国际技术溢出的正效应，从而不利于中国制造业的技术进步。其次，发达国家利用现代制造技术提升了制造环节的价值创造能力，使制造环节的价值增值能力大幅度增长。原有的微笑曲线可能变成沉默曲线。发达国家不仅要在价值链的研发和营销环节实现价值增值，而且也开始进入制造组装环节与发展中国家分一杯羹。这无疑对中国这种组装大国带来严重的冲击。最后，发达国家和地区的"再工业化"，其实质是对制造业价值链的重组，通过这种以外资为主导的价值链管理，避免了关键知识的溢出。使发达国家自身产业不断升级的同时，遏制了中国制造业的产业升级，可能将中国的产业赶超路径堵死。

1.1.1.2　劳动力成本上升使制造业的传统比较优势不断减弱

根据经典的要素禀赋理论，一国的比较优势来自其丰腴的要素资源。中国改革开放以来的高增长以及制造业的比较优势均来源于我国廉价的劳动力要素。然而中国制造业正面临着劳动力成本不断上升的严峻现实，"中国制造"的比较优势正在不断丧失。图 1 - 1 为我国2003 ~ 2012 年中国制造业工人的年平均实际工资的变化趋势图。从图 1 - 1 中可以看出，中国制造业的劳动力成本上涨幅度较大，十年上涨了 3.2 倍，年均增长率为 13.84%。而根据国际货币基金组织出版的《2010 年世界经济瞭望》的统计，与我国资源禀赋相似的新兴亚洲市场经济国家如印度其全部用工成本为中国的 47.5%，印度尼西亚为中国的 48.4%。劳动力成本的不断上涨已经导致许多外商投资转移到其他新兴经济体，使中国制造业的竞争力不断减弱。笔者认为导致中国劳动力成本不断上涨的因素可以归纳为三个方面：

第一，从劳动供给的角度分析，我国社会人口结构的变化是导致劳动力成本上涨的重要原因。当前中国社会正在步入老龄化阶段，特别是农村人口，以每年 300 万老年人的数量增加。据估计到 2034 年将达到最高峰 1.67 亿，2035 年农村老龄化程度将达到 37.2%[①]。由此可见，农村剩余劳动力供给的蓄水池功能逐渐减弱。此外我国劳动年龄人口的增速减缓，据国家统计局的数据显示，2012 年中国 15～59 岁的劳动年龄人口首次出现了绝对下降。

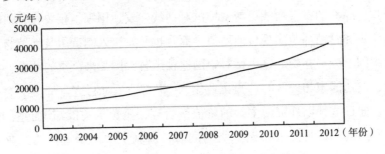

图 1-1　2003～2012 年制造业实际工资

资料来源：中国统计年鉴。

第二，从劳动生产率的角度，工资水平应该等于劳动的边际收益。随着我国的技术引进及自主创新，制造业的劳动生产率不断提高。劳动生产率的提高必将带动边际收益的增长以及工资水平的提高。2000 年之前，中国劳动生产率的增长速度一直快于劳动力工资的增长速度，因此我国制造业的低成本优势非常明显。而 2000 年以后中国劳动力工资的增长速度开始超过劳动生产率的增长速度，从而导致我国制造业成本增加（见图 1-2）。

第三，从政治制度、法律法规方面，最低工资制度的实施、社会保障体系的完善，以及新劳动法的颁布，使中国的劳动力市场更加完善的同时也在一定程度上促进了企业用工成本的上升。

劳动力成本的不断上升，已经成为制约中国经济增长的客观因素。根据边际报酬递减规律，依靠廉价劳动力大量投入的增长方式必将导致经济增长率的放缓，甚至是下降。因此，我国以劳动密集型为

---

① 丁少群，王信、老龄化背景下的农村可持续养老保障制度改革研究、中国经济问题，2012（3）：52-60.

主的制造业迫切需要产业升级，从依靠劳动力要素投入转向依靠技术要素投入带动的经济增长方式，从总量增长的粗放式增长转向质量提高的集约式增长。

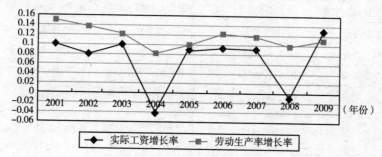

图1-2 2001～2009年实际工资增长率与劳动生产率增长率的比较

1.1.1.3 资源枯竭及环境恶化倒逼中国制造业转型升级

世界工业化发展的历史告诉我们，当一国处在工业化加速发展阶段，即重工业化阶段时对矿产、能源等资源消耗较多。目前，中国正处于重工业化发展的重要阶段，因此中国工业发展特别是制造业发展过程中的能源消耗非常惊人。单位 GDP 的能耗是日本的 2.3 倍，美国的 1.7 倍①。从制造业内部看，我国能源消耗强度较大的行业主要集中于非金属矿物制品业、黑色金属冶炼及压延加工业、化学原料及化学制品业等重工业领域，轻工行业能源消耗强度普遍较低。而交通运输业、通用、专业设备制造业及通信设备、计算机及其他电子设备等高技术制造业能源消耗强度处于较低水平。通过对制造业行业内部的能耗分析，可以发现促进制造业内部从低技术产业向高技术产业的升级对解决我国制造业的高能耗问题具有积极的意义（见表1-1）。

----

① 资料来源：世界银行数据库。

表 1-1 2012 年中国制造业分行业能耗强度

单位：万吨标准煤/亿元

行业	能耗强度	排名	行业	能耗强度	排名
农副食品加工业	0.137882075	19	化学纤维制造业	0.30302656	13
食品制造业	0.18208865	16	橡胶制品业	0.306587512	12
饮料制造业	0.156321854	18	塑料制品业	0.351542821	10
烟草制品业	0.042060113	30	非金属矿物制品业	1.779361279	1
纺织业	0.350297298	11	黑色金属冶炼及压延加工业	1.121843404	2
纺织服装、鞋、帽制造业	0.093814775	22	有色金属冶炼及压延加工业	0.632802673	4
皮革、毛皮、羽毛（绒）及其制品业	0.066499163	27	金属制品业	0.367707493	9
木材加工及木、竹、藤、棕、草制品业	0.465082718	7	通用设备制造业	0.193353204	15
家具制造业	0.080594717	24	专用设备制造业	0.127477907	21
造纸及纸制品业	0.623490663	5	交通运输设备制造业	0.077366187	25
印刷业和记录媒介的复制	0.257285209	14	电气机械及器材制造业	0.06800207	26
文教体育用品制造业	0.131121961	20	通信设备、计算机及其他电子设备	0.046143267	29
石油加工、炼焦及核燃料加工业	0.518845515	6	仪器仪表及文化、办公用机械	0.064602469	28
化学原料及化学制品制造业	1.037339034	3	工艺品及其他制造业	0.429379038	8
医药制造业	0.165363437	17	废弃资源和废旧材料回收加工业	0.089803081	23

资料来源：中国统计年鉴数据库。

以高能耗为特征的粗放型增长方式尽管带动了中国经济的高速增长，但是未来这种增长方式是不可持续的。一方面，中国尽管资源较丰富，但是人口总量大，能源储备量不能完全满足未来的需要。根据国家统计局发布的中国一次能源状况表，按照现在储量的增长率计算，煤炭资源静态保证期约为 40 年，石油 14 年，天然气 65 年。另一方面，高耗能必然带来高污染。如 2011 年我国废水排放总量为

652.1 亿吨，是十年前排放量的 3 倍多[①]。工业废水的大量排放使我国近六成地下水为"差"，其中 16.8% 的监测点水质呈极差[②]。在我国废气排放中，尽管传统排放物 SO_2 等的排放量下降，但是细颗粒物（PM 2.5）、氮氧化物（NO_x）等排放量显著增加。2012 年上半年，中国华北五省区共 15 个城市中空气质量为三级的城市为 7 个，二级的城市为 8 个[③]，空气质量污染严重，污染天气纪录不断被刷新。在经济发展与环境保护矛盾如此激烈的情况下，未来制造业的发展必须强调生产与生态的平衡，发展与环境的和谐。

资源状况及环境保护的制约倒逼中国制造业的产业升级。中国制造业只有依靠技术进步来降低能耗、提高产品附加值。通过技术进步带动的制造业产业升级则是转变增长方式，实现清洁制造、绿色制造的必经之路。

1.1.1.4　FDI 的进入及全球分工为制造业的产业升级提供可能

中国社科院工业经济研究所张世贤研究员认为，在当前中国要素禀赋的约束下，打造中国经济升级版的关键并不是从第二产业向第三产业的升级，而是要以工业和制造业的升级为基础。

一般而言，影响产业升级的因素可以分为三类：供给因素、需求因素和环境因素。供给因素包括劳动、资本、技术等生产要素的投入数量及投入比例；需求因素是指消费者、厂商等经济主体需求偏好的变动；环境因素主要包括产业政策因素以及制度因素等。

在开放经济中，各国经济发展的融合性日益增强。由于产品和要素可以自由流动，前述三种因素可以扩展到世界市场范围。如供给因素可外延为资本品、原材料的进口，技术贸易和外商直接投资。特别是外商直接投资，不但为东道国带来资本要素而且带来技术要素。在

---

① 资料来源：2002 年、2012 年中国统计年鉴。
② 资料来源：2012 年中国国土资源公报。
③ 资料来源：中国环境检测总站 http://www.cnemc.cn。

开放条件下，FDI 已经成为促进产业升级的重要因素。

我国改革开放以来 FDI 发展迅速。30 多年来，外商投资额从 1983 年的 9.2 亿美元增长到 2013 年的 1175.86 亿美元，中国外商直接投资的流入量居世界第二位。特别是制造业成为承接国际产业转移的主要行业。随着中国参与国际分工程度的日益加深，使中国制造业利用比较优势引导产业升级也具有了可行性。

1.1.2 选题意义

本书将基于 FDI 渠道国际技术溢出的视角，对中国制造业产业升级问题进行研究。国际技术溢出作为促进制造业技术进步的重要外部路径，不仅缩小了与技术领先国家的技术差距，而且可以促进东道国技术创新能力的提高，为排除技术垄断实现技术赶超提供可能性。侧重于从 FDI 渠道国际技术溢出的角度研究制造业产业升级问题不但可以丰富和完善外部性理论而且该问题的研究也有非常重要的现实意义。

首先，当今世界科技发展极为不平衡。少数发达国家控制世界绝大多数的领先技术，而发展中国家在技术创新方面劣势较大，同发达国家存在较大差距。发展中国家要实现技术的赶超仅依靠自身的研发投入和努力是远远不够的。第二次世界大战后日本在短短的几十年里通过技术引进、技术模仿和创新，实现了技术进步的跨越式发展，并成功带动国内的产业升级。日本的成功为发展中国家的技术进步及产业升级提供了宝贵经验。因此本书有助于弄清本土研发和外部技术溢出对技术进步促进作用的相互关系，有利于中国制造业借助外部助推力量更好地实现自身的技术进步，有利于中国制造业的产业升级，为中国制造业更好的吸收外部技术溢出提供政策建议。

其次，本书通过对制造业分行业的研究，寻求各种因素与不同类别制造业国际技术溢出效应的关联关系。相比较将制造业作为整体进行的研究更为细致和准确，能够为决策者提出切实可行的、针对性较强的政策建议。

最后，对中国制造业技术进步及产业升级的研究有利于中国经济的持续增长；有利于降低环境保护的压力，减少废弃物排放；有利于缓解能源紧张和日趋上涨的压力；有利于中国制造业提高国际竞争力，获得比较优势。

1.2　几个重要概念的界定

1.2.1　外商直接投资

世界经济合作与发展组织（OECD）将外商直接投资定义为：在母国以外，一个经济体中的直接投资者通过建立企业形式进行以永久性利益为目标的国际投资活动。

国际货币基金组织（IMF）的定义是：以资本投资的方式，一国的投资者在他国进行有经营控制权的生产或经营活动。

根据中国国家统计局的解释：外商直接投资是指根据中国相关政策、法规，外国企业、经济组织、个人通过现汇、实物、技术等方式在中国领土内开办外商独资企业、中外合资企业、中外合作经营企业。

由此可见，不论是哪个定义，均强调投资的长期性和稳定性，外商投资者拥有企业的管理、决策权，但是不要求拥有绝对的控制权。

1.2.2　技术、技术进步

在《大英百科全书》中对技术的权威定义为：人们用以改变或者操纵其环境的手段或活动。前述定义是关于技术的抽象概括，事实上技术是一种特殊的知识，当技术被应用于不同的领域便具有不同的内涵和内容。

从经济学研究的角度对技术进行定义，技术的概念和商品生产过程中的制造、制作等行为联系到一起。例如，Baranson[①]（1978）认为技术是一套完整而复杂的体系。其中包含无形的知识、技巧以及产品的设计、工序、体制等。并将技术划分成产品内含的物化技术和非物化技术。ESCAP/UNCTC[②]（1984）将技术定义为有形及无形商品的生产及销售的知识、经验、技巧。

由此可见，技术不仅包括生产产品的具体工艺、技能，而且还包含与企业生产经营密切相关但属于非生产领域的技巧、经验和方法。技术可以以物化的机器设备等中间品和最终品的形式表现，也可以体现为非物化的知识。

由前述技术的内涵可以进一步将技术进步定义为：生产领域劳动工具、劳动对象、工艺流程、操作方法以及劳动者知识与技能等的改进、更新和发展，也包括组织管理技术的改进、提高、发展和完善。

1.2.3　技术扩散、技术转移、技术转让、技术溢出

技术扩散简单地说是技术在地理位置的空间移动，或在不同所有者之间的传递活动。国际技术扩散（International Technology Diffusion）是指以实现商业价值为目的的创新技术在国际间的移动。技术扩散强调技术从创新者到不同使用者的国际间的移动，是技术成果传播与应用的主要途径。因此从某种意义说，技术扩散比技术创新更加重要，技术扩散不但使技术创新能够获得社会效益，而且还推动着技

---

① Baranson J, Technology and the multinationals, Lexingtong Books, 1978.

② ESCAP/UNCTC. Costs and Conditions of Technology Transfer Through Transnational Corporations：A Regional Perspective, Bangkok：ESCAP, 1984, 3 – 36.

术成果的更广泛应用，并最终促进整个世界经济的增长。其特点为：
（1）可以是点对点，也可以是点对多；（2）可以通过市场或非市场
的方式来实现；（3）可以是有意识的也可以是无意识的。

　　在联合国起草的《国际技术转让行动守则草案》中对技术转移
做出了明确规定。草案中将制造产品的专有技术、产品生产的工艺流
程以及与生产相关的服务系统的提供等有关的知识转移称为技术转
移，而货物的买卖或租赁不包括在内。技术转移同样是技术通过某种
途径从技术提供方向技术接受方的动态运动，但是它是一种有意识的
活动，参与双方是一种主动的行为，并且技术的接收方是唯一确定
的。技术转移可以是有偿的对等交易，如通过技术转让、特许经营等
方式实现技术转移；也可以是无偿的单方面转移，如发达国家对发展
中国家无偿的技术援助。我们把有偿的技术转移称为技术转让。因此
技术转移包含有偿的技术转让和无偿的技术转移。

　　技术溢出的含义为技术知识的生产者无法独占此技术知识所带来
的收益，致使技术知识流动的现象。FDI 的国际技术溢出效应是指母
国向东道国直接投资过程中带来的技术知识的跨国流动，导致东道国
经济的增长与发展。

　　因此，技术溢出是无意识状态下的技术扩散，技术溢出可以实现
向多个技术接受者的扩散。它是市场失灵、经济外部性的表现，是由
知识技术具有的非竞争性和部分排他性引起的。

　　综上所述，无意识的技术溢出和有意识的技术转移均属于技术
扩散。而技术转移又包括有代价的技术转让和无代价的技术转移。
本书研究的范围是由外商直接投资引起的国际技术溢出现象。主要
研究这种不能通过市场获得补偿的无意识的技术扩散现象，如图
1-3所示。

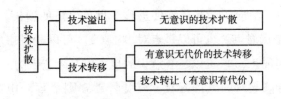

图1-3 技术扩散、技术转移、技术转让、技术溢出关系

资料来源：田泽勇、FDI的资本形成与技术溢出效应研究、南京航空航天大学博士论文，2009，12。

1.2.4 行业、产业

由于专业化分工，社会生产中会出现从事不同种类商品生产的企事业单位，行业就是对企事业单位的一种分类。按照中国的《国民经济行业分类》（GB/T 4754—2002），国民经济可以分为20个行业，每个大的行业下面又分为若干个小的行业，如制造业下面又细分为31个小行业。本书中的行业具体指细分的小行业，也可称为部门。

产业的概念大于行业的概念，产业比行业的划分更宏观、更粗略。产业有不同的分类标准：如1940年英国经济学家科林·克拉克①（C. Colin）在其《经济进步的条件》中首次提出三次产业分类法将产业划分为第一、第二、第三产业；按照战略地位的不同也可将产业划分为主导产业、支柱产业、重点产业等。

1.2.5 产业升级、产业结构升级

产业升级和产业结构升级的概念在理论界经常混淆使用。实际上这两个概念并不完全相同，有着一定的联系与区别。弄清每个概念的内涵以及概念之间的相互联系，有助于明确本书的研究范围和内容。

产业升级即产业的高度化。从全球价值链研究的视角定义，产业

---

① C. Colin, The conditions of economic progress, Macmillan & Co. Ltd, 1940.

升级可以理解为由低技术水平向高技术水平的攀升，由低附加值状态向高附加值状态的演变，这一定义侧重的是对微观视角的企业进行研究。

从价值链视角研究产业升级的代表性人物有 G. Gereffi[①]（1999）、R. Kaplinsk[②]（2000）、J. Humphrey 和 H. Schmitz[③]（2000）。J. Humphrey 和 H. Schmitz 认为"产业升级"包括四种模式，分别为"工艺流程升级、产品升级、功能升级、价值链升级"。工艺升级是指由于生产方法或技术的改善而提高产品质量或增加产品实用性；产品升级是指产品的附加值或技术水平更高；功能升级是指厂商从价值链上的低收入功能向高收入的新功能攀升的过程；价值链升级又称为跨部门升级指厂商横向跨越到其他新部门。

尽管价值链视角的研究多以微观企业为研究对象，但是这一概念可以适用于中观的行业层面。前述产业升级的四种模式可以外延为行业内升级即各行业内部的工艺升级、产品升级、功能升级，以及行业间升级即跨行业或跨部门的升级。

从产业结构视角定义产业升级，在中国理论界曾经一度占据主要地位。所谓产业结构是指生产要素在各产业部门之间的比例构成及相互依存关系。产业结构升级是指产业结构的素质和效率由低级状态向高级状态的动态演变。这一概念通常用于国家或地区层面的宏观研究。其主要表现为某国或某个地区第一产业向第二、第三产业的演变过程，揭示出主导产业不断替代的运动规律。

产业结构视角的产业升级概念也可以拓展到中观行业层面。其内涵指三大产业内部的高级化演进。具体表现为：（1）农业内部由传

①　G. Gereffi, International trade and industrial upgrading in the apparel commodity chain, Journal of international economies, 1999, 37－70.

②　R. Kaplinsky, Globalization and unequalisation: What can be learned from value chain analysis, Journal of development studies, 2000, 117－145.

③　J. Humphrey & H. Schmitz, Governance and upgrading: linking industrial cluster and global value chain research, IDS working paper, 120.

统的分散经营农业向产业化的现代农业的转变；（2）工业由轻工业向重工业的转变、由劳动密集型制造业向资本和技术密集型制造业的转变；（3）服务业内部从传统服务业向现代知识型服务业演进。

那么产业升级和产业结构升级的关系究竟是怎样的？理论界一直存在着不同观点的争论。有学者认为产业升级包含产业结构升级，如陈羽、邝国良①（2009）；有的学者认为产业升级和产业结构升级是并列关系，如王保林②（2009）。笔者认为从中观行业层面上可以恰好实现两个研究视角的融合，行业层面的行业间升级就是行业层面的产业结构升级。即从行业层面分析，产业升级包含产业结构升级，如图1－4所示。

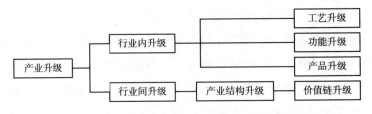

图1－4　产业层面产业升级关系

本书从行业层面研究制造业的产业升级，因此本书所指的制造业产业升级是指制造业某一行业向价值链的高附加值环节攀升以及行业内高质量产品替代低质量产品的过程，同时还包括制造业内从低附加值行业向高附加值行业的行业间的动态演变过程。

综上所述，制造业产业升级包括行业内升级和行业间升级。行业内升级表现为制造业各行业内部生产要素的优化组合、技术水平和管理水平以及产品质量的提高及新旧产品的更替；制造业行业间升级表现为制造业内部高技术含量、高附加值、高加工度行业比重的增加。

---

① 陈羽，邝国良．"产业升级"的理论内核及研究思路述评、改革，2009（10）：85－89.

② 王保林．产业升级是沿海地区劳动密集型产业发展的当务之急、经济学动态，2009（2）：32－36.

1.3　研究思路、研究内容及框架

1.3.1　研究思路

本书从要素供给的角度，研究伴随 FDI 进入中国制造行业的技术是否产生溢出效应，这一外源型技术进步能否带动中国制造业的行业内及行业间升级。通过理论与实证分析笔者得出 FDI 渠道国际技术溢出对中国制造业产业升级的推动效果并不理想。于是在此基础上进一步探究影响不同类别制造业国际技术溢出的因素有哪些。根据不同的影响因素有针对性地提出对策建议。

1.3.2　研究内容及框架

本书在对国内外经典理论，以及有关 FDI 渠道国际技术溢出的相关文献梳理的基础上，结合中国制造业发展状况以及引进 FDI 的现状，采用定性与定量相结合的方法，深入研究了 FDI 渠道国际技术溢出对中国制造业行业内及行业间升级的影响，并根据行业差异找出影响不同类别制造业国际技术溢出效应的因素，有针对性地提出相应的对策、建议。本书的主要内容如下：

第 1 章是本书的导论部分。首先从发达国家的再工业化、劳动力成本上升以及资源枯竭、环境恶化等角度介绍了本书的选题背景，然后从理论和实践两方面阐述了本书的选题意义，接着介绍了和本书内容密切相关的几个重要概念，最后概括了本书的研究内容、方法及创新点。

第 2 章是理论基础与文献综述部分。理论基础主要分为技术溢出理论、FDI、国际技术溢出与经济增长理论、产业升级理论以及 FDI

与产业升级的关系理论。文献综述包括 FDI 渠道国际技术溢出效应、传导机制及影响因素的文献综述，国际技术溢出测度方法的文献综述。通过这部分内容的梳理和总结，为问题的解决提供理论基础和实证分析的方法与工具。

第 3 章对当前中国制造业的发展状况和 FDI 渠道的国际技术溢出情况进行了分析。本章从制造业总体和分行业两个方面分析了中国制造业的发展状况及与世界主要制造业强国的差距。然后从 FDI 投资的行业分布、投资方式、国别分布、地区分布及投资目的等方面定性分析了我国 FDI 渠道国际技术溢出的可能效果。

第 4 章是 FDI 渠道国际技术溢出对制造业产业内溢出效应的实证分析。在对制造业技术水平进行综合评价的基础上，选取 2001 ~ 2011 年制造业 28 个行业，按照要素的相对投入量将其分为三大类（劳动密集型行业、资本密集型行业、技术密集型行业），然后运用面板数据的回归分析，考察了 FDI 渠道国际技术溢出对制造业行业内升级的影响。

第 5 章是实证检验 FDI 渠道国际技术溢出对制造业行业间升级的影响。笔者选取三大类行业产值占制造业总产值的比重作为代理变量，通过不同行业技术溢出系数的大小来反映行业间的动态升级。

第 6 章是 FDI 渠道国际技术溢出影响因素的实证分析。通过构建连乘变量的方法，考察影响不同行业技术溢出的主要因素。

第 7 章是结论和政策建议。总结前面理论与实证分析的结论。从制造业分行业的角度提出促进 FDI 渠道国际技术溢出的政策建议。

1.4 研究方法和创新点

1.4.1 研究方法

本书采用理论分析与实证检验相结合的方法分析和解决问题。理论分析是研究的基础和起点，运用经典理论分析客观问题，解决现实矛盾，然后再通过实证分析检验理论的正确性。两者相辅相成，构成本书的主要研究方法。

通过文献搜集法，追踪当前国内外最新和前沿的研究动态，并搜集此领域最经典的文献进行研读。运用经典理论并结合中国制造业的发展现状及引入 FDI 的现状，定性分析我国制造业 FDI 渠道国际技术溢出的效果、影响因素。

实证分析中采用了统计学的主成分分析法和计量经济学面板数据的回归分析。通过建立科学的新型制造业评价指标体系，运用主成分分析法客观评价制造业 29 个行业的技术发展水平。通过面板数据的回归分析，检验了 FDI 渠道国际技术溢出对制造业产业升级的影响。在第 6 章影响因素分析中，本书用外商直接投资渠道的国外研发资本存量分别与除技术因素外其余各影响因素的交互项来反映不同因素对溢出效应的影响，分析各种因素对不同类型制造业的国际技术溢出的影响程度。本书的框架结构如图 1 - 5 所示。

1.4.2　创新之处

第一，本书跳出 FDI 渠道国际技术溢出对技术进步及经济增长的研究框架，将研究重点转移到 FDI 渠道国际技术溢出对产业升级效应的研究范畴内。FDI 的进入为东道国带来资本和技术。资本是对东道国匮乏资金的补充属于"量"的影响，技术使东道国获得动态比较优势，是对东道国"质"的提升。因此研究者更关注 FDI 渠道国际技术溢出效应的研究，但是多数研究集中在技术溢出效应的存在性、传导机制以及对一国经济增长的影响。较少有人研究 FDI 渠道国际技术溢出对产业升级的动态影响。然而这一问题的研究更具有现实意义。因为产业升级是经济增长的持续动力，能够反映一国比较优势的动态升级。

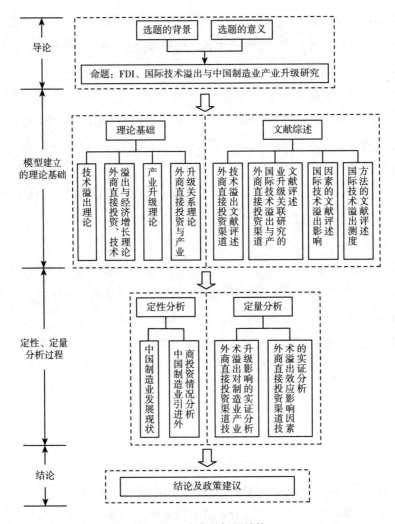

图1-5 本书的框架结构

第二，本书从制造业细分行业层面研究 FDI 渠道国际技术溢出效应的存在性。以往学者们在研究 FDI 渠道国际技术溢出的存在性和传导机制时，较多从宏观国家层面或微观企业层面分析，较少关注中观行业层面的研究。即使有从制造业层面进行研究也没有注重制造业内部不同行业的差异性。本书的研究试图从中观行业层面切入，细致分析 FDI 渠道的国际技术溢出对中国制造业内部产业升级的影响。

　　第三，建立一个新的行业层面国外研发资本存量的公式。在 FDI
渠道国际技术溢出对中国制造业产业升级的实证分析中，本书借鉴
LP 法（F. Lichtenberg & Pottlesberghe de la Potterie BV[①]，1998）设定
国家层面研发资本存量的形式，开创性地建立了行业层面国外研发资
本存量的公式。

　　第四，将制造业内行业本身的差异性引入 FDI 渠道国际技术溢出
影响因素的研究中。由于不同制造行业中生产技术存在差异，并且不
同行业生产技术的发展水平不同，因此技术进步的内涵就不同，并最
终导致各因素对不同类型制造业的技术溢出程度的影响存在较大差
异。许多关于国际技术溢出效应影响因素的相关研究单一化、模糊化
了行业的技术差异，并未考虑各种因素对不同类型行业影响的异质
性。正是从这个角度出发，本书按照要素的相对投入量将制造业科学
分类，分别对不同类型制造行业的影响因素进行研究，其目的就是将
行业本身的技术差异作为影响因素之一纳入 FDI 渠道国际技术溢出影
响因素的分析框架中。

---

　　①　F. Lichtenberg & Pottlesberghe de la Potterie BV，International R&D spillovers：a com-
ment，European economic review，1998，1483 - 1491.

第2章　理论基础与文献综述

2.1 理论基础

2.1.1 技术溢出的理论基础——内生增长理论

经济增长是宏观经济学研究的重要问题。主流经济学家们从不同的角度研究导致经济持续增长及经济增长率差异的原因。其中关于技术与经济增长关系的研究始于 20 世纪 50 年代以 Solow[1] 为代表的新古典经济增长理论。新古典经济增长理论将技术作为外生给定的变量并假定规模报酬递减，将外生的技术进步作为经济增长的源泉，此理论并没有真正揭示出经济增长的规律。于是经济学家放松了新古典经济增长理论的假设并将相关变量内生化，由此产生了内生增长理论。内生经济增长理论将技术进步看作经济增长中的内在因素，解释了技术进步能够促进经济增长的主要原因是技术溢出效应的存在。

2.1.1.1 Arrow 的"干中学"模型

Arrow[2]（1962）认为技术进步是知识的产物，知识是通过学习获取的，而学习又是对生产过程中的经验总结。因此"干中学"理论假定知识是生产过程中的副产品。只有在生产过程中边干边学才能获得知识并最终取得技术进步。Arrow 用总投资的增加表示技术进步，因为每一种生产出来并投入使用的新设备都会导致生产效率的提高，投资的增加表明经验的积累。

"干中学"模型假定知识作为一种公共品，具有非竞争性和非排

---

① Solow RM, Technical change and the aggregate production function, Review of economics and statistics, 1957, 312 – 320.

② Arrow KJ, The economic implications of learning by doing, The review of economic studies, 1962, 155 – 173.

他性。因此知识具有完全的溢出效应，一个企业生产的知识可以被其他企业无偿使用。由于 Arrow 的模型中认为这种公共物品是由私人提供的，即由社会每个企业在投资中产生，因此当前企业的投资对未来的企业有利，个人资本的边际产出小于社会资本的边际产出。

综上所述，"干中学"模型认为私人企业的新投资导致知识的产生、技术的进步。由于知识具有完全的溢出效应，因此，尽管存在单个企业的资本收益递减效应，但是从整个社会经济范围看，社会水平的资本收益是递增的，内生的技术进步导致了经济的持续增长。

2.1.1.2　Romer 的知识溢出模型

Romer[①]（1986）将知识作为独立要素投入生产过程中。此模型认为从社会角度看，新知识的研发本身具有投资报酬递增效应，同时新知识应用到生产过程中使资本和劳动等要素形成递增收益。最终导致技术进步并提高整个社会的生产率。

Romer[②]（1990）将技术分为以人力资本为载体的非物化、隐性技术和不以人力资本为载体的物化、显性技术。非物化技术表现为投入生产中的劳动者所具有的能力，而物化的技术包含在物质资本或产品中。Romer 认为知识是一种准公共物品，具有非竞争性和部分排他性。知识主要由追求利润最大化的企业在生产过程中提供，新产品中包含新知识的研发成本。但是随后这种新知识可以被他人无成本地多次使用，所以知识具有外部性和溢出效应。此理论也表明，商品是物化的技术发生溢出效应的载体。此外，Romer 在模型中还得出很多有意义的结论：经济的增长与人口规模无关而是由人力资本的存量决定，这表明人力资本是决定技术溢出效应的重要影响因素；在开放条

---

① Romer PM, Increasing returns and long-run growth, The journal of political economy, 1986, 1002 – 1037.

② Romer PM, Endogenous technological change, Journal of political economy, 1990, 71 – 102.

件下，随着市场规模的扩大将带来研发的增加并带动一国的经济增长。这一结论表明国际技术溢出效应的存在性，一国的技术进步不但来自本国的研发还来自外国研发的增长。

Romer[①]（1992）建立了包含物质生产部门和研发生产部门的二部门模型。他认为知识可以分为用于研发过程中的知识（生产知识的知识）和用于产品生产的知识。用于研发过程中的知识具有外部性，而用于生产中的知识具有排他性，排他性保证知识可以当做一种商品来生产。

随着 Romer 研究的不断深入，知识溢出模型日臻完善。其基本结论为：知识是由厂商在追逐利润最大化过程中采取的投资决策产生的，因此知识是经济系统决定的内生变量。知识的溢出性保证了厂商的技术进步并导致整个社会生产效率的提高。

2.1.1.3　Lucus 的人力资本模型

Lucus[②]（1988）将技术等同于无形的人力资本，主要表现为工人具有的不同的技术能力。人力资本包括内部效应和外部效应。内部效应主要指个人对人力资本的投资和积累能够提高他自身的生产率；外部效应的含义为人力资本的溢出效应，它通过个人向他人学习或个人间相互学习产生，拥有较高人力资本的个人对他人产生的有利影响是不能够在市场中得到补偿的。每个生产者都得益于人力资本的平均水平而非人力资本总量。因此，人力资本的平均水平通过技术溢出导致社会经济体的规模收益递增，从而促进经济增长。

Lucus 认为知识是一种公共物品，具有非竞争性和非排他性。知识积累可以通过生产中的"干中学"，也可以通过在学校中学习获

---

① Romer PM, Two strategies for economic development using ideas and producing ideas, In proceedings of the world bank annual conference on development economics, washington D. C. World bank, 1992.

② Lucus RE Jr, On the mechanics of economic development, Journal of monetary economics, 1988, 3 – 42.

得。此模型还表明如果劳动力可以跨国流动，那么技术的溢出也可以跨越国界。

"干中学"模型、知识溢出模型以及人力资本模型是内生增长理论的代表。这些理论从全经济范围的收益递增以及技术具有溢出性假定出发建立模型，用内生的技术进步解释经济的持续增长及各国间增长率差异的原因，使经济增长理论得到进一步发展和突破。

但是这些理论对技术的表现形式、属性以及技术溢出方式的认识上有所不同。"干中学"模型认为技术是生产过程中的经验积累，体现为物质资本的投资，是有形的。人力资本模型认为技术是无形的人力资本，体现为不同技术水平工人具有的能力。而知识溢出模型是前两种理论的综合，认为技术就是知识，可以以无形的人力资本形式存在，也可以体现在有形的商品中。

对于技术的属性，Arrow 和 Lucus 认为技术是一种纯公共物品，具有非竞争性和非排他性。而 Romer 则认为技术是一种准公共物品，具有非竞争性和部分排他性。以上理论都承认技术来源于生产，而技术的溢出可以通过生产过程中的经验积累、人们之间的相互学习以及企业培训等方式发生。在开放条件下，以商品、劳动力以及资本等为载体，通过国际贸易、国际投资等渠道，技术溢出效应不仅发生在本国内部而且可以跨越国界。

2.1.2　FDI、国际技术溢出与经济增长理论

2.1.2.1　关于 FDI 渠道的国际技术溢出存在性理论

早期关于 FDI 对东道国经济影响的文献主要集中在 FDI 带来的资本效应分析上。Macdougall[1]（1960）首次在外商直接投资的福利效

---

[1]　Macdougall GDA, The benefits and costs of private investment from abroad: a theoretical approach, Economic record, 1960, 189 – 211.

应分析中把技术溢出作为东道国引入外商直接投资的一种间接收益。Macdougall 建立了一个静态的总产出方程，以劳动和资本为投入要素。他假定经济存在外部性，通过劳动力的流动外商直接投资企业的先进技术对东道国企业产生溢出效应。东道国的技术进步导致经济朝着劳动集约型方向增长。如图 2 - 1 所示，劳动的边际产出曲线从实线移动到虚线，由此带来劳动的边际产出增加为 E - C - B，而工资收入下降了 A + B。这种经济外部性带来东道国福利水平提高了 E + A - C。

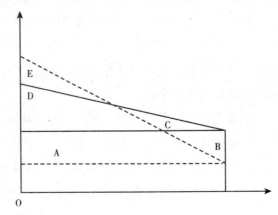

图 2 - 1　劳动的边际产出

真正将 FDI 引入内生增长理论的经济学家是 Walz。Walz① （1997）将 FDI 的技术溢出包含到内生增长理论的一般动态分析模型中。Walz 假定有两国 A 和 B。A 国为一个经济比较成熟的发达国家，研发水平较高；B 国比 A 国经济落后，研发水平低，且劳动力成本较低。每一国家存在 2 个部门，一个是采用共有技术的传统商品的生产部门 Z，另一个是现代部门 Y 生产一系列采用新技术的差异产品。Y 部门的企业包括四类：一是在 A 国研发并在 A 国生产的企业；二是在 A 国研发到 B 国生产的企业，这类企业为跨国公司；三是 B 国自己研发并在 B 国

①　Walz U, Innovation, foreign direct investment and growth, Economica, 1997, 63 - 79.

生产的企业；四是 B 国国内的模仿企业，即这类企业可以无成本模仿、复制 Y 部门的新技术进行生产。跨国公司在东道国的活动不但导致技术溢出的发生，而且会带来东道国本土研发效率的提高。

根据传统的 FDI 理论，Walz 在模型中提出企业在较发达国家研发，然后利用企业专有资产的所有权优势到低成本国家生产。企业研发和生产的分离以及跨国公司的出现将导致国际技术溢出的发生，并最终促进东道国经济增长。

Macdougall（1960）的文献中提到 FDI 的技术溢出效应并非都是正向的，但是这一文献并未对这一问题进行深入探讨。大量实证研究也表明 FDI 溢出效应的不确定性。Aitken 和 Harrison[1]（1999）对 FDI 的净溢出效应做了全面的阐述。他们指出：一方面跨国公司通过一定的途径导致东道国的技术进步；另一方面，由于具有较强竞争实力的跨国公司进入东道国市场，会导致当地企业的产量下降，平均成本上升，从而降低了当地企业的生产效率。FDI 进入对当地企业影响的双向效应可以从图 2-2 中看出。正向效应使国内企业的平均成本从 AC_0 下移到 AC'，而"市场攫取"效应使国内企业的产量从 Q_1 下降到 Q_2，平均成本从 AC_1 上升到 AC_2。

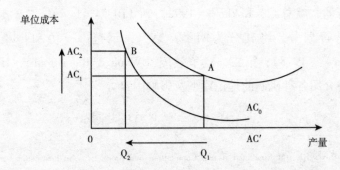

图 2-2　国内企业对外商直接投资的产出反应

① Aitken B & Harrison A, Do domestic firms benefit from Foreign Direct Investment? The evidence from Venezuela, American economic review, 1999, 605 - 618.

以上理论证明了 FDI 渠道的国际技术溢出效应的存在性，但是由于 FDI 渠道的技术溢出存在多种作用机制，不同机制对东道国的技术进步及经济增长的影响有正有负，而且溢出效应的大小也存在差异。因此有必要对 FDI 渠道不同的技术溢出机制及影响因素进行深入的研究。

2.1.2.2　关于 FDI 渠道国际技术溢出机制及影响因素理论

关于 FDI 渠道溢出机制的实证研究先于理论研究。一些实证研究证明了不同机制的技术溢出效应，同时也激发了学者们对技术溢出机制的理论研究。Caves[①]（1974）对实证研究的文献进行分析，将 FDI 渠道国际技术溢出的机制归纳为三类：第一，跨国公司进入东道国贸易壁垒较高的行业，打破行业内的垄断，带来资源配置效率的提高；第二，进入东道国的跨国公司通过竞争和示范效应促使东道国企业提高自身的技术水平；第三，由于跨国公司进入带来的竞争、示范以及模仿效应加快了母国对东道国的技术溢出。

Caves 仅对溢出机制进行定性分析并未建立模型进行定量研究。随后很多学者建立理论模型刻画 FDI 的国际技术溢出机制。通过对不同学者的文献总结，Kokko[②]（1992）对 FDI 渠道国际技术溢出机制重新进行划分，将其分为两类：第一，示范、模仿和传染效应（Findlay[③]，1978）；第二，竞争效应（Wang & Blomstrom[④]，1992）。以下将介绍各种机制的理论模型及影响因素。

---

①　Caves RE, Multinational firms, Competition and productivity in host-country markets, Economica, 1974, 162.

②　Kokko A, Foreign Direct Investment, host country characteristics and spillovers, The economic research institute, Stockholm, 1992.

③　Findlay R, Relative backwardness, direct foreign investment, and the transfer of technology: a simple dymamic model, The quarterly journal of economics, 1978, 1 – 16.

④　Wang J Y & Blomstrom M, Foreign investment and technology transfer: A simple model, European economic review, 1992, 137 – 155.

（1）示范、模仿、传染效应模型及影响因素分析。

Findlay（1978）构建了一个以 FDI 为渠道的从发达国家向发展中国家技术溢出的一般动态模型。此模型设定了两个假设条件：一是假定经济发展的趋同效应。两国间技术差距越大，技术落后国就越有动力赶超发达国家的技术水平，因此技术溢出速度越快。二是疾病传染效应。两国间联系和接触越多，技术的溢出就越快。其经济学含义用以下两式描述：

$$\frac{dB}{dt} = \lambda [A(t) - B(t)] \qquad (2-1)$$

$$A(t) = A_0 e^{nt} \qquad (2-2)$$

其中，$A(t)$、$B(t)$ 分别为跨国公司在东道国的子公司及东道国公司在时间 t 的技术水平，λ 为技术趋同率。公式表明，对当地公司的技术扩散率与两国的技术差距 $A(t) - B(t)$ 成正比。A_0 表示跨国公司东道国子公司最初的技术水平，n 为外生给定的子公司技术引进率。Findlay 指出 n 与管理水平、劳动力的教育水平有关，其他学者进一步补充还包括地理、文化、制度以及政治等因素。

最后 Findlay 用两国技术水平的比值代表两国的技术差距，用外资在母国的资本份额表示两国间联系和接触的程度。则模仿、传染机制的国际技术溢出效应可以概括为：

$$\frac{\delta B(t)/\delta t}{B(t)} = f(x, y) \qquad (2-3)$$

其中，$x = \dfrac{B(t)}{A(t)}$，$y = \dfrac{K_f(t)}{K_d(t)}$，$K_f(t)$、$K_d(t)$ 分别代表东道国外资和内资的资本存量，y 的数值越大代表外商直接投资占东道国资本的比重越高，表明传染效应越大，技术溢出就越快。

FDI 技术溢出的示范、模仿机制可以简单概括为：从 Findlay 理论的两条假设条件出发，趋同效应和传染效应是 FDI 渠道的国际技术溢出机制，跨国公司和当地企业的技术差距以及跨国公司在东道国的资本份额是影响国际技术溢出的主要因素。东道国的技术进步率与这两个因素成正比。

（2）竞争效应模型及影响因素分析。

竞争效应机制认为跨国公司子公司和当地企业的相互策略性竞争行为是导致 FDI 技术溢出的又一个重要渠道。Wang 和 Blomstrom（1992）建立一个竞争机制模型，此模型将跨国公司在东道国子公司与当地企业的相互影响纳入其中。模型假定技术影响消费者的需求，技术含量越高的商品越能够吸引消费者。因此总效用函数可以表示为：

$$U(Y) = \alpha \ln K_d + \ln(Y_d + k^\alpha Y_f) \qquad (2-4)$$

其中，Y 代表行业的总产出，k 为技术差距，用外资公司的技术水平比当地企业的技术水平。下标 d 和 f 代表国内和国外。

在均衡的状态下，每种商品的价格等于边际效用，于是得到：

$$P_d(k, Y_d, Y_f) = (Y_d + k^\alpha Y_f)^{-1} \qquad (2-5)$$

$$P_f(k, Y_f, Y_d) = k^\alpha (Y_d + k^\alpha Y_f)^{-1} \qquad (2-6)$$

式（2-5）、式（2-6）说明外资企业和当地企业的商品价格与两个企业产品的产量和技术差距有关。跨国公司子公司的产品价格和技术差距成正比，而当地企业的产品价格和技术差距成反比。

根据式（2-5）、式（2-6）可以表示出企业 i 的利润函数。当技术差距 k 扩大，外资企业的利润上升，而国内企业利润下降。

$$R_i(k) = \max P_i(k, Y_i, Y_j) Y_i - c_i Y_i \qquad (2-7)$$

式（2-7）表明子公司的技术引进以及当地企业吸收跨国公司子公司的技术溢出都是有成本的。跨国公司子公司如果要提高自身技术水平需要投入 I_f 从母国总公司进口先进技术，当地公司通过技术溢出提高自身技术水平也要投入学习成本 I_d。两企业的投资决策会改变技术差距。因此技术差距的变化由两企业的投资决策决定。

$$Dk = [I_f - \phi(I_d)k]k \qquad (2-8)$$

从前面的分析可以概括出竞争效应的传导机制为：企业的投资决策决定技术差距，技术差距导致两公司产品需求和利润的变换。利润的变换会进一步影响公司的投资决策，从而形成相互竞争的溢出传导机制。具体来说，当地公司决定增加投资缩小技术差距，技术差距的缩小导致跨国公司子公司利润的下降，于是跨国公司子公司也增加投资从母国引入先进技术，随着技术差距的扩大带来技术溢出的增加（Findlay 的模仿、传染机制），技术溢出导致当地企业技术水平增加，竞争力增强，技术差距进一步缩小，这又引起跨国公司子公司新一轮的技术引进。跨国公司子公司和当地企业决策的相互影响导致技术和生产率的不断积累，从而形成了竞争机制的国际技术溢出。市场环境以及跨国公司子公司和当地企业的相互影响是决定竞争性溢出效应的主要因素。

综上所述，FDI 渠道的技术溢出有两条主要的传导机制：一是示范—模仿—传染机制；二是竞争机制。第一种机制中技术溢出是自动形成的，并且是单向影响。这种机制只研究了跨国公司子公司对当地企业的技术溢出及影响因素，没有考虑当地企业对跨国公司子公司的反向影响。并假定跨国公司子公司的技术引进由外生变量决定。第二种机制中考虑了两类企业间的相互影响，并把这种相互影响作为决定国际技术溢出的主要因素。此外，从前面的分析中可以看出，竞争机制中也包含了示范—模仿—传染机制。

根据前述理论分析可知，示范—模仿—传染机制的影响因素包括：东道国与母国的技术差距，两国市场联系的紧密程度以及外生给定的技术引进率。其中技术引进率受东道国自身的人力资本状况、最初的技术、管理水平以及地理、文化、制度、政治等因素影响，两国间联系与接触的程度与东道国市场的开放程度及引入 FDI 的比重有关。竞争渠道国际技术溢出的影响因素主要受市场结构及竞争程度影响。

2.1.3　产业升级理论

2.1.3.1　全球价值链视角的产业升级理论

关于全球价值链理论的研究以 Gereffi、Humphrey 和 Sturgeon 最具代表性。Gereffi[①]（1999）早期的研究未摆脱商品生产的范畴，称为全球商品链理论。为了更关注和强调链上运营企业价值创造和价值获取的重要性，Gereffi、Humphrey 和 Sturgeon[②]（2005）将研究范畴扩展到了全球价值链（Global Value Chain，GVC）。

关于价值链角度的产业升级理论主要集中在产业升级概念的界定及不同治理模式下的产业升级机制和路径的研究中。Gereffi（1999）提出产业升级分为四个层次：首先是产品层次上的升级；其次是经济活动层次上的升级，如不断提升的设计、生产和营销能力；再次是在部门内层次上的升级，如从最终环节的制造到更高价值产品和服务的生产环节；最后是部门间层次上的升级。随后的研究中 Gereffi、Humphrey 和 Sturgeon 又将全球价值链归纳为五种治理模式：市场型、模块型、关系型、领导型和层级型。并以服装产业为研究对象对不同治理模式下的产业升级机制及路径做了深入的分析。

价值链角度的产业升级理论表明，各国的特定产业根据自身的比较优势嵌入全球价值链中，通过市场联系获取技术溢出，提高自身竞争力，改变自身在国际分工中的地位，实现比较优势的动态升级，一国的企业或产业实现价值链的高端攀升过程就是此国实现产业升级的动态过程。而实现产业升级的内在动力就是通过参与全球生产所获得的技术溢出。

---

① Gereffi G, International trade and industrial upgrading in the apparel commodity chain, Journal of international economies, 1999, 37 – 70.

② Gereffi G, Humphrey J & Sturgeon T, The governance of global value chains: an analytic framework, Review of international political economy, 2005, 12, 78 – 104.

2.1.3.2　产业结构视角的产业升级理论

（1）配第—克拉克定理。

英国经济学家克拉克（Clark，1940）通过计算 20 个国家各部门的劳动投入和产出提出了著名的配第—克拉克定理。此定理表明产业结构的变动受国民收入增长的影响。其主要结论为：随着人均国民收入水平的不断提高，劳动力由第一产业向第二产业并最终向第三产业流动。即当经济达到较高的发展水平时，第三产业从业人员所占比重最高，其次是第二产业，第一产业劳动力从业人数最少。此外，随着经济的增长，各产业国民收入的比重也呈现出相同的变化趋势，即第三产业的国民收入占整个国民收入的比重最高，其次是第二产业，最后是第一产业。

国民收入决定一国的需求结构，因此此定理是从需求的角度解释产业结构变动的原因。同时也表明可以通过各产业劳动力占比或各产业国民收入占比的变动来反映产业结构的变动。

（2）钱纳里的产业升级理论。

钱纳里（H. Chenery[1]）在 1975 年出版的《发展的格局：1950～1970 年》一书中，通过对 101 个国家和地区的经济发展数据进行分析，提出了著名的"标准模式"理论。此理论揭示了当经济体处于不同发展阶段时在投资、政府收入、教育、国内需求、生产结构、外贸结构、劳动力构成、城市化、人口变化、收入分配 10 个方面所应具备的特征。这一理论成为后面学者研究产业结构变动的重要参考。

1986 年钱纳里又出版了一本专著《工业化和经济增长的比较研究》[2]对影响产业结构变化的多种因素进行分析，提出了影响产业结

---

[1]　H. Chenery, A structuralist approach to development policy, American economic review, 1975, 310 – 316.

[2]　H. Chenery, Industrialization and growth: a comparative study, New york, oxford university press, 1986.

构变化的多种假说。如需求说、供给说、贸易说等。供给说主要是指当经济处于不同的发展阶段时，不同生产要素的供给对经济增长发挥着差异化的作用。如初级产品生产阶段，劳动这种生产要素决定经济的增长；工业化阶段，资本对经济增长起到重要的推动作用；到了发达经济阶段则主要靠技术要素推动经济高速发展。因此通过改变要素的供给结构可以影响到一国产业结构的变动。此外，钱纳里还从国际贸易的角度解释了产业结构的变动。他指出：随着对外贸易产品结构的不断改善，进口替代和出口替代效应能够推动产业升级发展。

（3）主导产业扩张论。

罗斯托[①]（W. W. Rostow，1952）将经济的高速发展归因于产业结构的变革，而主导产业的快速增长是产业结构变革的重要引擎。因此以主导产业扩张推动的产业升级导致经济的起飞和不断发展。

罗斯托将经济部门分为三类：第一类为主导产业，即通过技术革新或采用新能源实现产业自身的高速增长，同时主导产业中的现代技术能够向其他产业部门不断渗透和扩张，为其他部门的增长提供动力；第二类为互补产业，是指为主导产业发展提供支持的产业部门，如铁路部门的发展需要煤、铁、机械部门的支撑；第三类是最初的原始部门，如食品部门等，这类部门的发展与经济发展的宏观变量有关，如人口的增长、收入的增加导致食品部门的增长。

此理论认为主导产业的发展一方面能够实现自身的高速增长，使此部门产量大幅增加，投资率提高；另一方面，主导产业的扩张可以带动为它供应原料、机械设备的互补产业需求的增长，互补产业需求的增长导致这类产业产出的增长，收入的增加，投资的扩张，并最终导致这类产业的发展。主导产业的扩张带来的收入增长效应还必然诱发对原始部门需求的增加，从而也可以带动原始部门的增长。此外，主导产业的技术溢出效应，可以带动其他产业的技术进步，为其他产

---

① W. W. Rostow，The process of economic growth. New York，Norton，1952.

业的扩张提供动力支持。

由此可见，主导产业的扩张通过建立一条有效的需求链条，带动对其他产业需求的增长，并改变各行业不同要素供给结构的变动。伴随着以主导产业为首的经济的不断扩张，导致整个社会人均资本产出的增长，储蓄率上升，并最终导致社会投资率的提高，经济的发展。而且主导产业可以通过前向、后向影响，扩张性影响三条传导机制导致其他两类产业的增长，并最终实现整个经济体产业的升级和经济的增长。

无论是全球价值链视角还是产业结构视角的产业升级理论研究的一个重要内容就是产业升级的动力机制。从前述理论分析中可以看出产业升级的动力机制主要包括以下方面：一是需求方面的因素，主要指由于收入水平的差异导致对不同部门的产品有着不同的需求弹性，从而引起产业升级；二是供给方面的因素，资本的积累、技术进步导致比较优势的动态变化，促进产业动态升级；三是供、求两方面共同作用，带动主导部门的变化。当然影响产业升级的动力机制是多样的，除了前述提到的供、求因素之外，还有许多其他因素，如各国的产业发展政策、对外开放的宏观环境等因素都会对产业升级有着不同程度的影响。

2.1.4　FDI 与产业升级关系的理论

2.1.4.1　边际产业扩张理论

日本经济学家小岛清[①]（K. Kojima，1978）在其专著《对外直接投资论》中提出了著名的边际产业扩张理论。此理论以李嘉图的比较优势理论为基础，认为一国在国际分工中应该生产并出口具有比较

---

① Kojima K, Direct foreign investment a Japanese model of multinational business operation, London, Croom Helm, 1978.

优势的商品，进口比较劣势的商品。因此一国应从劣势产业向优势产业倾斜。退出比较劣势产业并不是意味着此行业完全退出市场，而是通过对外直接投资的方式将此行业转移到国外市场。这种在这一国家处于比较劣势并被转移到国外的产业称为"边际产业"。小岛清认为边际产业应该是在这一国家技术水平落后或是劳动生产率较低的行业。如劳动密集型行业相对于资本和技术密集型行业来说首先进入边际产业的行列；同一行业内效率低的企业优先进入边际序列。根据这一原理，小岛清解释了为什么日本对外投资往往是中小企业而不是大企业。这一理论也主要适用于解释发达国家对发展中国家的直接投资。

这一理论还提出投资国选择和本国技术差距较小的国家进行投资。因为技术差距较小，有利于东道国的消化、吸收。投资国选择对外投资的产业是在本国技术水平落后、劳动生产率低的边际产业，但在东道国此产业却是使用先进技术并在不断成长的优势产业。投资国通过边际产业的转移释放出生产要素发展本国的比较优势产业；东道国通过承接 FDI 获取了本国产业发展所需的先进技术。因此这种对外投资行为促使投资国和东道国两国均实现了产业升级。

2.1.4.2 产品的生命周期理论

美国经济学家 Vernon[①] 在 20 世纪 60 年代提出了著名的产品生命周期理论，此理论不但从技术动态变化的角度解释了国际贸易的起因，而且也阐释了国际直接投资的成因。此理论把产品比喻成具有生命周期的生物体。根据生产产品时所使用技术的不断变化将产品的生命周期分为三个阶段：第一阶段，新产品阶段。此阶段生产这种产品的技术刚刚被创新国研发出来并用于产品生产，这时创新国垄断这项新技术，决定这种商品成本的生产要素就是技术要素。由于创新国为

---

① Vernon R，International investment and international trade in the product cycle，The quarterly journal of economics，1966，190 – 207.

技术密集型国家，在这一阶段具有比较优势，因此生产并出口这种产品。第二阶段，产品成熟阶段。生产这种产品的技术已经成熟，其他发达国家的厂商也掌握了此项技术。市场和技术的双重垄断被逐渐打破，市场竞争逐渐加剧。这一阶段决定产品成本的主要生产要素为资本，因此为了降低成本，发达国家选择一些资本丰腴的国家进行对外投资。所以资本密集型国家在这一阶段具有比较优势，生产并出口该商品。第三阶段，标准化产品阶段。这一阶段技术已经标准化设计到生产产品的机械设备中，决定产品成本的主要生产要素为劳动。资本密集型国家通过到劳动力成本较低的发展中国家投资建厂来降低生产成本。所以这一阶段，劳动密集型国家具有比较优势，生产并出口这种商品。

由此可见，产品的生命周期理论仍然以李嘉图的比较优势理论为基础。技术的不断变化导致决定产品成本的生产要素在不断变化，并最终引起产品生产地和出口地的不断变动。根据此理论的内容，发达国家向发展中国家转移的是本国的落后技术和产品。由于研发国的不断技术进步，产业层级不断上升。原有的产业通过直接投资向发展中国家转移，从而也带动了东道国产业的梯次上升。

2.1.4.3　三缺口模型

Hirschman[①]（1970）的"三缺口模型"是在 H. Chenery 和 A. M. Strout 的"两缺口模型"的基础上发展起来的。"两缺口模型"认为，受限于经济发展水平较低的发展中国家存在储蓄小于投资，出口小于进口的资源短缺的现状，外商直接投资的引进可以弥补经济发展所需的储蓄缺口和外汇缺口，促进发展中国家国民经济增长率的提高。

Hirschman 在"两缺口理论"的基础上提出不发达国家缺少的不

---

① Albert O, Hirschman & Exit, voice and loyalty: responses to decline in firms, organizations, and states, Harvard University Press, 1970.

是资源而是利用资源的能力，即对发展中国家而言约束其经济发展的主要要素是技术。在开放条件下，在发展中国家自我研发水平相对较低而研发风险相对较大的现实情况下，吸引外资不但可以弥补储蓄和外汇的缺口，而且可以弥补技术、管理和企业家方面的缺口。

此理论通过加入技术缺口扩展了原有的"两缺口模型"。利用外商投资获得的技术溢出效应，可以缩小投资国和东道国的技术差距，有助于发展中国家的产业升级和经济增长。

综上所述，三个理论都强调了开放条件下 FDI 带来的技术溢出及技术进步对产业升级的重要影响。边际产业扩张论表明 FDI 对东道国和投资国具有双向的产业升级效应；而产品生命周期理论和"三缺口理论"主要从 FDI 对东道国产业升级影响的角度进行论述的。

2.2　文献综述

2.2.1　FDI渠道国际技术溢出的文献评述

FDI 的国际技术溢出理论始于 20 世纪 60 年代。MacDougall（1960）首次把技术溢出效应纳入外商直接投资的一般福利效应分析中。随后的研究多集中在 FDI 对东道国的技术溢出性及影响因素的研究上。如 Koizumi 和 Kopecky[1]（1977）将局部均衡分析应用到技术溢出的研究中，他发现外资份额与技术溢出效果正相关的结论。Findlay（1978）就技术差距、投资规模与技术扩散的关系进行了研究，他认为这几个因素与技术扩散效果成正比。此外，还有一些研究

---

[1]　Koizumi T & Kopecky K J, Economic growth, capital movements and the international transfer of technical knowledge, Journal of international economics, 1977, 45 – 65.

者将博弈论引入跨国公司技术溢出的理论研究中。Ziss[1]（1994）采用双寡头博弈模型将技术溢出引入一国福利效应的评估中；在信息不对称条件下，Kapur[2]（1995）研究了溢出效应对厂商学习行为的影响。

进入 20 世纪 90 年代，研究者又将视线集中到 FDI 对转型经济体国际技术溢出效应的研究领域。Kokko（1992）按照溢出的渠道把FDI 溢出效应概括为示范—模仿效应、竞争效应、人员培训效应以及关联效应。世界投资报告（UNCTAD[3]，2001）按照溢出方向把 FDI的国际技术溢出分为水平溢出（产业内溢出）和垂直溢出（产业间溢出）。以下将按照这两种分类对相关文献进行梳理。

2.2.1.1　第一种分类：按照溢出渠道

（1）示范—模仿效应。

由于外资企业与东道国企业之间存在技术差距，FDI 的进入给东道国带来了先进的技术。本地企业在与外资企业的交流和接触中，不断向外资企业学习和模仿，逐渐将外资企业的先进技术应用到本企业的生产经营活动中，从而较好地发挥"干中学"的效用。同时，由于采用新技术的风险较大，本地企业往往对新技术持保守谨慎的态度。而外资企业采用新技术会给内资企业带来良好的示范效应，降低内资企业采用新技术的风险和顾虑。Riedel[4]（1975）对 20 世纪 60年代中国香港的制造业进行研究，通过分析他发现 FDI 的示范效应对

---

① Ziss S, Strategic R&D with spillovers, collusion and welfare, Journal of industrial economics, 1994, 375 – 393.

② Kapur S, Technological diffusion with social learning, Journal of industrial economics, 1995, 173 – 195.

③ UNCTAD, World Investment Report 2001, New York and Geneva: United Nations, 2001.

④ Riedel & James, Factor proportions, linkages and open developing economy, The review of economics and statistics, 1975, 487.

香港制造业的出口起到了极大的促进作用。Langdon① (1981) 的研究表明：跨国公司将机械化生产方式带入肯尼亚的肥皂行业，很快当地的肥皂生产企业从手工生产方式转变为机械化生产方式。这一现象充分说明了跨国公司对东道国企业起到良好的示范作用。

(2) 竞争效应。

外商直接投资带来的竞争效应对东道国国际技术溢出的影响是不确定的。一方面，跨国公司的进入打破了东道国市场的垄断格局，本地企业迫于生存压力而通过科技进步来提高生产效率，这种竞争效应会形成正的溢出作用；另一方面，如果跨国公司具有明显的竞争优势，FDI 的进入会对低效率的内资企业产生挤出效应。这种情况下竞争效应就会形成负的溢出作用。

有关竞争效应正向影响的研究包括：Caves② (1974) 选取 1966 年加拿大和澳大利亚制造业企业作为样本，以内资企业利润率为因变量，以行业内外资份额为自变量。通过回归分析表明两者之间存在正相关关系。由此得出 FDI 存在正向技术溢出效应的结论。在 Blomstrom③ (1989) 的研究中，以墨西哥企业为样本，发现 FDI 对东道国企业具有正向溢出效应。

有关竞争效应负向影响的研究包括：Haddad 和 Harrison④ (1993)，两人的研究表明 FDI 的进入会对低效率的内资企业产生挤出效应；Kokko (1992) 的研究也进一步证明了市场中存在缺乏竞争

① Langdon S, Multinational corporations in the political economy of Kenya, NewYork, St. Martin's Press, 1981.

② Caves RE, Multinational Firms, competition and productivity in host-country Markets, Economica, 1974, 176 – 193.

③ Blomstrom M & Wolf EN, Multinational corporations and productivity convergence in Mexico, National Bureau of Economic Research, Working Paper No 3141. Cambridge, MA. 1989.

④ Haddad M & Harrison A, Are there positive spillovers from Direct Foreign Investment? Evidence from panel data for Morocco, Journal of development economics, 2008, 412 – 435.

力的内资企业被跨国公司挤出市场的现象。此外，Aitken 和 Harrison[①]（1999）、Driffield[②]（2001）、Damijan 等[③]（2003）学者的研究也都表明了存在竞争效应的负向影响。

竞争效应对技术溢出的影响是不确定的，取决于正向效应和负向效应的比较。内外资企业的技术差距、竞争程度等因素会对 FDI 的竞争效应产生不同结果的影响。

（3）人员培训效应。

人员培训效应既包括东道国企业的员工跳槽到外资企业产生的负向溢出效应，也包括外资企业员工流动到本地企业，以及为应对竞争，本地企业对员工进行培训而产生的正效应。由此可见，人员培训效应对东道国产生的技术溢出也是不确定的。关于人员培训效应的研究多为案例分析。相关研究见 Gershenberg[④]（1987）、Katz[⑤]（1969）。

（4）关联效应。

关联效应包括前向联系和后向联系。前向联系指外资企业与下游销售商之间的溢出效应；后向联系指外资企业与上游供货商之间的溢出效应。关联效应是形成产业间技术溢出的一种途径，这种溢出又称为垂直溢出。

①　Aitken BJ & Harrison AE, Do domestic firms benefit from direct foreign investment? Evidence from Venezuela, American economic review, 1999, 605 – 618.

②　Driffield N, The impact on domestic productivity of inward investment in the UK, The Manchester School, 2001, 103 – 119.

③　Damijan PJ, Knell M, Majcen B, et al. , The role of FDI, R&D accumulation and trade in transferring technology to transition countries: evidence from firm panel data for eight transition countries, Economic systems, 2003, 4 – 32.

④　Gershenberg I, The training and spread of managerial Know-how: A comparative analysis of multinationals and other firms in Kenya, Globalization of the world economy series, 2008, 3 – 11.

⑤　Katz JM, Production functions. Foreign Investment and Growth, Amsterdam North Holland Publishing Co, 1969.

2.2.1.2　第二种分类：按照溢出方向

（1）产业间溢出（垂直溢出）。

根据内资企业与外资企业在生产过程中所处的位置差异，可以将产业间溢出分为前向联系和后向联系。

前向联系效应是指处于上游的外资企业向处于下游的作为消费商的东道国企业进行的技术溢出效应。通过提供高质量的中间品或最终商品，外资企业推动下游内资企业提高产品质量，实现技术进步；后向联系效应主要指处于下游的外资企业向处于上游的作为供货商的内资企业进行的技术溢出效应。通过技术支持、人员培训等方式，外资企业促进了内资企业的技术进步。

关于产业间溢出效应，国外学者的研究主要包括：Blalock[①]（2001）对印度尼西亚的研究表明存在正的后向关联溢出效应，Javorcik[②]（2004）对立陶宛的研究支持了相同的结论。K. Schoors 和 Van der Tol B[③]（2002）以匈牙利为研究对象来检验行业内与行业间溢出的效果以及前后向溢出效应的效果。研究结果表明，行业间的溢出效应要大于行业内的溢出效应；在行业间溢出效应中，前后向关联效应均存在，但是后向溢出为正，前向溢出为负；存在正的后向溢出和负的前向溢出效应。

国内学者的研究包括：Liu[④]（2006）以中国制造业为样本，证明了正的前向、后向关联溢出效应的存在性，且后向关联是主要的溢

① Blalock G, Technology from Foreign Direct Investment strategic transfer through supply chains [EB/OL]. Haas School of Business, University of California, Berkeley, 2001.

② Javorcik BS, Does Foreign Direct Investment increase the productivity of domestic firms in search of spillovers through backward Linkages? American economic review, 2004, 605 – 627.

③ Schoors K & Van der Tol B, Foreign Direct Investment spillovers within and between sectors: evidence from Hungarian data, Working papers of Faculty of economics and business administration, Gbent University, 2002.

④ Liu ZQ, Foreign Direct Investment and technology spillovers: theory and evidence, Journal of development economics, 2006, 176 – 193.

出渠道。刘伟全、张宏①（2008）对中国劳动密集型行业的实证研究中也得出了与 Liu 相似的结论。而学者姜瑾、朱桂龙②（2007）对中国行业层面的数据考察却得到正的前向溢出和负的后向溢出的结论。

（2）产业内溢出（水平溢出）。

关于产业内技术溢出的研究比较成熟。国外学者的研究包括：Caves（1974）、Blomstorm（1983，1986）、Sjoholm③（1996）。这些学者分别用截面数据、面板数据从行业层面或企业层面证明了存在产业内正的技术溢出效应。而另一些学者如 Aitken 和 Harrison（1999）用委内瑞拉 1976～1989 年的企业数据得出了产业内负技术溢出效应的结论。

国内学者的相关研究包括秦晓钟④（1998），王志鹏、李子奈⑤（2003），李小平⑥（2004）等。他们的研究均证明了 FDI 的产业内正向技术溢出效应。然而相当一部分学者认为外资对我国的技术溢出效果甚小，甚至没有什么效果。如王春法⑦（2005），赵春明、刘振林⑧（2006）。他们认为由于外商直接投资的进入方式以及外资进入并未带入核心技术或关键设备等原因，导致技术溢出效应对国内企业生产率提高的效果并不显著。

---

① 刘伟全，张宏．FDI 行业间技术溢出效应的实证研究——基于全球价值链的视角．世界经济研究，2008（10）：56－64。

② 姜瑾，朱桂龙．外商直接投资，垂直联系与技术溢出效应——来自中国工业部门的经验证据．南方经济，2007（2）：46－56。

③ Sjoholm F, International transfer of knowledge: the role of international trade and geographic proximity, Weltwirtschaftliches Archive, 1996, 97－115.

④ 秦晓钟．外商对华直接投资技术外溢效应的实证分析．江苏经济探讨，1998（4）：47－50.

⑤ 王志鹏，李子奈．外资对中国工业企业生产效率的影响研究．管理世界，2003（4）：17－25.

⑥ 李小平，朱钟棣．国际贸易的技术溢出门槛效应——基于中国各地区面板数据的分析．统计研究，2004（10）：27－32.

⑦ 王春法．FDI 与内生技术能力培育．国际经济评论，2004（2）：19－22.

⑧ 赵春明，刘振林．从"以市场换技术"战略绩效看 FDI 的技术溢出．黑龙江社会科学，2006（4）：29－33.

综上所述，理论研究在 FDI 的国际技术溢出效应的存在性上达成共识。而国际技术溢出效应的机制研究还没有形成成熟的理论框架，相关研究多以经验研究为主。而我国关于 FDI 渠道国际技术溢出效应的机制研究基本处于空白，相关文献寥寥无几；在实证研究方面主要集中在产业间及产业内的溢出效应研究，其中在产业间溢出效应的文献中又以后向联系为主。对于实证研究结果，存在着正向溢出和负向溢出两种完全相反的结论。在持有正向溢出观点的学者中，又普遍认为产业间的溢出效应大于产业内的溢出效应。

以往学者关于 FDI 渠道国际技术溢出的研究主要集中在对溢出机制的分析以及对不同溢出机制的技术溢出效果的测算上。在对技术溢出效果的实证分析中，以一国或某一行业的技术进步来表征技术溢出对东道国带来的影响。然而 FDI 是一把"双刃剑"，跨国公司的进入虽然可能为东道国带来一定程度的技术进步，但是同时也伴随着"锁定效应"，可能会阻碍东道国的产业升级。那么 FDI 的进入在促进东道国技术进步的同时能否推动东道国的产业升级？对于这一问题理论界研究甚少。本书力图对 FDI 渠道国际技术溢出的产业升级效应进行理论分析和实证研究。

2.2.2 FDI 渠道国际技术溢出与产业升级关联研究的文献评述

关于 FDI 渠道国际技术溢出与产业升级关联性研究的文献，笔者仍然按照微观层面的价值链视角以及宏观层面的产业结构视角两条主线进行梳理。一些研究结论支持 FDI 渠道国际技术溢出有助于东道国产业升级的观点，如 Bitzer 和 Kerekes[1]（2008）利用 OECD 国家产业层面的数据进行分析，结果显示 FDI 的国际技术溢出对 OECD 国家产

---

[1] Bitzer J & Kerekes M, Does Foreign Direct Investment transfer technology across borders? New evidence economics letters, 2008, 355 – 358.

业升级作用明显。也有部分研究持相反观点，如刘志彪①（2005）。

2.2.2.1　FDI 渠道国际技术溢出与价值链升级的关联性研究

随着贸易和投资的全球化发展，国际分工格局向产业内和产品内分工转化，全球生产网络基本形成。发展中国家在承接全球 FDI 带来的产业转移时，也利用自身比较优势嵌入全球的生产价值链中。无疑这为发展中国家利用 FDI 促进自身产业升级带来了机遇。因此，20世纪 90 年代以来，国外学者开始从全球价值链视角研究发展中国家的产业升级问题。

国外学者主要从不同类型的价值链治理模式下研究 FDI 渠道国际技术溢出带来的产业升级问题。Gereffi 和 Memedovic②（2003）对全球服装产业价值链进行研究，他们发现在准层级治理模式下，通过发达国家采购商需求的驱动可以带动东亚国家供应商实现流程升级、产品升级甚至功能升级。而 Gereffi 主要把这种升级归功于"干中学"效应。即发达国家通过在发展中国家的直接投资，与发展中国家的供应商实现互动，从而提高发展中国家制造商的知识水平和生产能力。J. Barney③（1996）、Jacke Cukrowski④（2003）一致认为，利用外资从事出口加工，使发展中国家获得技术外溢并推动本国产业升级。Feenstra 和 Hanson⑤（1995）利用要素连续模型证明了价值链分工对发达国家和发展中国家都存在技术溢出带来的产业升级效应。国内许

---

① 刘志彪. 全球化背景下中国制造业升级的路径与品牌战略. 财经问题研究，2005（5）：25 – 31.

② Gereffi G & Memedovic O, The global apparel value chain: what prospects for upgrading by developing countries, United Nations Industrial Development Organization, http://www.unido.org, 2003.

③ Barney J, America: Gaining and sustaining competitive advantage., America, southwestern college publishing, 1996.

④ Cukrowski J, Perfect competition and Intra-industry trade, Economics letters, 2003, 78.

⑤ Feenstra RC & Hanson GH, Foreign Investment, outsourcing and wage inequality, National Bureau of Economic Research, Working Paper, 1995, No. 5121.

多学者也得出相似研究结论，蒋兰陵①（2010）采用市场调研的方式对江苏省 12 个城市进行调查，他认为外资企业的进入是江苏省产业链升级的主要动力。学者江小涓②（2002），张桂梅、张平③（2011）等也持同样观点。

此外还有许多文献对上述观点提出质疑。Humphrey 和 Schmitz④（2000）指出，发达国家会控制和阻碍发展中国家在价值链分工中向高附加值的价值链环节升级。L. Bazan 和 L. Navas-Aleman⑤（2001）认为后发经济体，几乎不可能在发达国家主导的全球价值链分工中实现产业升级。从国内研究看，卓越、张珉⑥（2008）认为我国纺织服装业在以跨国采购商为主导的俘获式全球价值链中，陷入"悲惨增长"。中国参与全球价值链分工并不必然产生显著的技术溢出和产业升级效应。于明超等⑦（2006）、刘志彪和张杰⑧（2007）等也认为，跨国公司主导的价值链分工对中国本土产业的升级不具有必然性。

---

① 蒋兰陵. 外商直接投资与本土企业价值构成升级. 商业研究, 2010, 8, 161 - 166.

② 江小涓. 跨国投资、市场结构与外商投资企业的竞争行为. 经济研究, 2002 (9): 31 - 38.

③ 张桂梅, 张平. 价值链分工背景的产业发展风险分析及其庇护. 改革, 2011 (5): 50 - 55.

④ Humphrey J & Schmitz H, Governance and upgrading: linking industrial cluster and global value chains research, IDS Working Paper, No. 12, Institute of Development Studies University of Sussex, 2000.

⑤ Bazan L & Navas-Aleman L, The underground revolution in the Sinos Valley: A comparison of upgrading in global and National value chain, paper for workshop local upgrading in global chains, held at the Institute of Development Studies, University of Sussex, 2001, 2, 14 - 17.

⑥ 卓越, 张珉. 全球价值链中的收益分配与"悲惨增长"——基于中国纺织服装业的分析. 中国工业经济. 2008 (7): 131 - 140.

⑦ 于明超, 刘志彪, 江静. 外来资本主导代工生产模式下当地企业升级困境与突破——以中国台湾笔记本 电脑内地封闭式生产网络为例. 中国工业经济, 2006 (11): 108 - 116.

⑧ 刘志彪, 张杰. 全球代工体系下发展中国家俘获型网络的形成突破与对策——基于 GVC 与 NVC 的比较视角. 中国工业经济, 2007 (5): 39 - 47.

2.2.2.2　FDI 渠道国际技术溢出与产业结构升级的关联性研究

Markusen[①]（1999）研究认为，由于存在关联效应，跨国公司可以促进东道国产业发展和结构升级。Zhou，Li 和 Tse[②]（2002）认为，FDI 通过技术、市场、管理等多方面的溢出效应能够对其他行业企业的发展起到正面作用，因此有助于关联产业的产业升级。Hunya[③]（2002）从罗马尼亚制造业中选取了外资直接投资进入较多的代表性行业，他发现外商投资并未改变罗马尼亚的外贸结构，因此认为 FDI 对罗马尼亚的产业结构并未产生影响。H. A. Yusaf 和 J. BardBride[④]（2004）以匈牙利银行业为例研究了不同投资意图的外资企业与经济发展之间的关系。他们指出以市场为导向的 FDI 有利于发展中国家的经济发展与产业升级，而以资源为导向的 FDI 不利于技术溢出，不能促进东道国的产业升级，因此东道国对外商投资要有所选择。

国内学者们对以产业结构调整形式的产业升级的研究非常重视。一些学者认为，改革开放以来中国引进外资有助于我国产业结构的调整。如王洛林、江小涓、卢圣亮[⑤]（2000）选取了在华投资的全球"500 强"企业，发现外商直接投资的确推动了中国产业结构的升级。李文臣、刘超阳[⑥]（2010）采用 16 年的统计数据进行计量分析，结

①　Markusen, Foreign direct investment as a catalyst for industrial development, European economic review, 1999, 335 – 356.

②　Dong sheng zhou, Li shao ming & Tse DK, The impact of FDI on the productivity of domestic firms: the case of China, International business review, 2002, 465 – 484.

③　Hunya G, Restructuring through FDI in Romanian manufaeturing, Economic systems, 2002, 387 – 394.

④　Yusaf HA & BardBride J, Multinational enterprise strategy, foreign direct investment and economic development: the case of Hungrian banking industry, Journal of world business, 2004, 89 – 105.

⑤　王洛林, 江小涓, 卢圣亮. 大型跨国公司投资对中国产业结构、技术进步和经济国际化的影响（上）（下）. 分别载于中国工业经济, 2000 (4)、(5): 5 – 12, 5 – 10.

⑥　李文臣, 刘超阳. FDI 产业结构效应分析——基于中国的实证研究. 改革与战略, 2010 (2): 116 – 118.

果表明：FDI 对三大产业增加值的影响程度是不同的，对第二产业增加值的影响高于第一产业，因此可以说 FDI 促进了产业结构的变动。崔新健[1]（2000）对外商直接投资促进东道国产业结构升级的因素分析中指出，外商直接投资的技术溢出程度是影响东道国产业升级的重要因素。

国内还有相当一部分学者认为，外商直接投资阻碍东道国的产业升级。孔文[2]（1999）研究后发现外商通过独资化及绝对控股等方式对其核心技术的保护，导致技术外溢作用无法有效发挥，阻碍东道国产业结构的调整升级。其他学者如高峰[3]（2002），姚君[4]（2005），郑学敏、曾勉[5]（2006）也就 FDI 对产业升级的负面效应进行了研究。

通过对相关文献的梳理可知，国外研究主要集中在外商直接投资渠道国际技术溢出影响东道国产业调整的内在机制上，并且主要以微观企业的行为为研究对象；而国内研究主要集中在外商直接投资带来的技术溢出对东道国产业升级的效应研究上，较少涉及内在机制研究，且较多关注对三大产业结构变动的影响。因此本书从中观产业层面入手，研究 FDI 渠道国际技术溢出促进制造业产业升级的机制，有助于产业升级理论的完善。

---

① 崔新建. 外商对华直接投资决定因素实证分析. 当代经济科学, 2000（4）: 31 – 33.

② 孔文. 利用外商直接投资调整产业结构中的矛盾分析. 东北财经大学学报, 1999（3）: 56 – 59.

③ 高峰. 利用外资促进我国产业结构优化作用机理探讨. 经济问题, 2002（11）: 18 – 20.

④ 姚君. 外商直接投资对产业结构升级的作用机制研究. 经济与管理, 2005（4）: 41 – 43.

⑤ 郑学敏, 曾勉. FDI 对我国产业发展的负面影响分析. 黑龙江对外经贸, 2006（1）: 21 – 23.

2.2.3 国际技术溢出影响因素的文献评述

有关国际技术溢出影响因素的研究相对成熟。学者们从不同的角度对导致技术溢出效应差异的因素进行分析。相关因素既包括经济因素（开放度、市场竞争度、研发资本存量）、制度因素（知识产权保护），还有自然因素（地理距离、行业集聚）等。

2.2.3.1 研发资本存量

研发资本存量是影响东道国本国技术创新和吸收外国技术溢出的重要因素。Cohen 和 Levinthal[1]（1989）的研究表明，企业的 R&D 活动不但是新知识的源泉，而且提高了企业对外界已有知识存量、技术的吸收与模仿能力。Y. Kinoshita[2]（2000）的研究证明，东道国国内研发的增加将提高国内企业对 FDI 技术的吸收效果。R. Geriffith，S. Redding 和 Van J. Reenen[3]（2000）对 12 个 OECD 国家的产业数据进行研究，发现每当有重要的研发投入时，一国的生产率就会快速增长。国内也有大量关于研发对国际技术溢出效果影响的相关研究。如吴建军、仇怡[4]（2007）的研究表明中国的研发活动有利于国际技术的成功扩散，但与发达国家相比，我国研发活动总体处于世界较低水

① Cohen M & Levinthal A, Innovation and learning: the two faces of R&D, Economic journal, 1989, 569 – 596.

② Kinoshita Y, R&D and technology spillovers via FDI: innovation and absorptive capacity, William Davidson Institute Working Paper, 2000, 349.

③ Geriffith R, Redding S & Van Reenen J, Mapping the two faces of R&D: Productivity growth in a panel of OECD industries, IFS working paper WP02/00, institute for fiscal studies, London, 2000.

④ 吴建军，仇怡. 贸易、技术进步与经济增长关系研究综述. 现代经济管理，2005: 29 – 31.

平。赖明勇[1]（2006），王中昭、石荣[2]（2009）等学者也都得出类似结论。

2.2.3.2　人力资本存量

Eaton 和 Kortum[3]（1996）用国际专利的引用数据发现国际技术溢出与以受教育年限表示的人力资本水平正相关。Keller[4]（1996）指出较高的人力资本水平与一国吸收先进技术及保持经济的快速增长具有显著的相关性。Xu[5]（2000）研究发现，人力资本水平较高的国家从美欧等发达国家获得的国际技术溢出效应大于人力资本水平较低国家从跨国公司中获得的技术溢出。国内研究见吕世生、张诚[6]（2004），许和连、王艳、邹武鹰[7]（2007）等。

2.2.3.3　对外开放度

一国的对外开放程度会影响国际技术溢出。经济体越开放，从国际技术溢出中获益就越多。Coe 和 Helpman[8]（1995）以进口占国内GDP 的比重作为经济开放度的衡量指标，研究表明，此指标越大，

① 赖明勇，包群，彭水军，张新. 外商直接投资技术外溢：基于吸收能力的研究. 经济研究，2006（8）：95 - 105.

② 王中昭，石荣. 工业制成品的进出口技术扩散与吸收功能效应分析. 广西大学学报（哲学社会科学版），2009（10）：20 - 27.

③ Eaton J & Kortum S, Trade in ideas: patenting and productivity in the OECD, Journal of international economics, 1996, 251 - 278.

④ Keller R, Absorptive capacity: on the creation and acquisition of technology in development, Journal of development economics, 1996, 199 - 222.

⑤ Xu B, Multinational enterprise, technology diffusion, and host country productivity growth, Journal of development economics, 2000, 477 - 490.

⑥ 吕世生，张诚. 当地企业吸收能力与 FDI 溢出效应的实证分析——以天津为例. 南开经济研究，2004，（6）：72 - 77.

⑦ 许和连，王艳，邹武鹰. 人力资本与国际技术扩散：基于进口贸易的实证研究. 湖南大学学报（社会科学版），2007（2）：62 - 66.

⑧ Coe & Helpman, International R&D spillover, European economic reviews, 1995, 859 - 887.

技术溢出的正效应越大。Eaton 和 Kortum[1]（1999）认为较高的贸易壁垒将延缓新技术的国际扩散。其他学者如 Keller、Lichtenberg 等也得出了同样的结论。

2.2.3.4　市场竞争度

市场竞争度对东道国国际技术溢出效应的实证结论存在分歧。大多数学者支持较高的市场竞争度有助于国际技术溢出效应的扩大。Girma，Greenaway 和 Wakelin[2]（2001）以英国制造业企业为研究对象发现，在竞争程度越高的行业正的溢出效应越大。Sjoholm[3]（1999b）对印度尼西亚的行业进行研究，结果表明行业集中度越高行业的技术溢出效应就越小。

2.2.3.5　技术差距

技术差距代表两个经济主体的技术发展水平差距。Findlay（1978）用理论模型推导出技术差距与技术溢出效应成反比的结论。但是实证研究的结果却恰恰相反，例如，Kokko[4]（1994）运用行业层面数据对墨西哥进行研究，发现技术差距与技术溢出效应成正比。Liu（2000）、Girma，Greenaway 和 Wakelin（2001）也证明了 Kokko 的结论。Glass 和 Saggi[5]（2005）认为技术水平差距过大时本土企业

① Eaton J & Kortum S, International patenting and technology diffusion: theory and measurement, International economic review, 1999, 537 – 570.

② Girma S, Greenaway D & Wakelin K, Who benefits from foreign direct investment in the UK, Scottish journal of political economy, 2001, 119 – 133.

③ Sjoholm F, Technology gap, competition and spillovers from direct foreign investment: evidence from establishment data, Journal of development studies, 1999, 53 – 73.

④ Kokko A, Technology, market characteristics and spillovers, Journal of development economics, 1994, 279 – 293.

⑤ Glass AJ & Saggi K, Exporting versus direct investment under local sourcing, Review of world economics, 2005, 627 – 647.

不能从跨国企业的技术溢出中获益。同样地，Keller[1]（2009）也指出，技术差距仅是技术溢出的必要条件之一，能否成功获得技术溢出还受到多种因素的制约。

2.2.3.6 行业特征

行业特征通常用行业资本密集度（人均资本密集度 K/L）、行业集中度（Herfindalh 指数）、行业中企业平均规模（企业资产总量的平均值）等指标来反映。Kokko（1994）选取"专利付费水平"和"外资企业的资本密集程度"两项指标作为行业特征指标，对墨西哥的相关行业进行分组，结果表明不同特征的行业国际技术溢出效果存在差异。陈涛涛、范明曦[2]（2003）的研究表明"资本密集度"以及"行业集中度"对我国 FDI 技术溢出效应的影响比较复杂，不同的行业特征影响技术溢出效应的程度有所不同。

2.2.3.7 企业所有制

Li（2001）以不同所有制类型企业作为研究对象，利用工业普查数据进行了实证研究。结果表明，外资企业对国有企业产生了正向溢出效应，而外资企业对集体和私营企业的溢出效应则为负。

2.2.3.8 制度因素

各类文献中讨论的制度因素主要包括：做生意的难易度、大学教育的质量、知识产权的保护以及法律体系的起源（Coe，Helpman & A. W. Hoffmaister[3]，2009）。制度因素为国际技术溢出创造条件。而

---

① Keller W, International trade, Foreign Direct Investment and technology spillovers, NBER Working Papers, 2009.

② 陈涛涛，范明曦，马文祥. 对影响我国外商直接投资行业内溢出效应的因素的经验研究. 金融研究，2003（5）：117 – 126.

③ Coe, Helpman & Hoffmaister AW, International R&D spillovers and institutions, European economic review, 2009, 1 – 19.

关于知识产权保护与国际技术溢出的文献较多，如 Yang 和 Maskus[①]（2001）利用一般均衡分析方法，表明南方国家加强知识产权保护有助于跨国技术转移；Glass 和 Saggi[②]（2002）构建了一个关于创新、模仿的产品周期模型后，发现南方国家加强知识产权保护会挤出 FDI，因此南方国家加强知识产权保护不利于跨国技术转移。国内学者杨全发、韩樱[③]（2006）则认为适度的知识产权保护有助于外商直接投资的流入和技术溢出效应的发挥。

2. 2. 3. 9　地理距离

地理距离对国际技术溢出影响的研究以 Eatont 和 Kortum 以及 Keller 为代表。Eaton 和 Kortum（1996）证明了技术在美国、英国、日本、德国、法国（G5 国家）之间的扩散速度比在 G5 国家内部扩散的速度缓慢。Keller[④]（2001）发现国家之间的技术溢出与地理距离成反比。然而随着交通成本的下降、信息技术的发展、跨国公司间联系的日趋紧密，地理距离对国际技术溢出的影响程度逐渐下降，技术溢出的全球化趋势日趋明朗。

上述关于国际技术溢出的影响因素有国家层面的宏观因素、中观层面的产业因素还有微观层面的企业因素，当然某些因素可以适用于各个层面。另外，也可以将各种因素划分为技术来源方的因素（技术差距）和技术接受方的因素（如东道国的研发存量、人力资本存量等）。但是较少有学者考虑不同行业技术本身的差异性对国际技术溢出的影响，因此，本书力图将技术本身的差异性引入行业层面技术

---

① Yang G & Maskus K, Intellectual property rights, licensing and innovation in an endogenous product-cycle model, Journal of international economics, 2001, 169 – 187.

② Glass A & Saggi K, Intellectual property rights and Foreign Direct Investment, Journal of international economics, 2002, 387 – 410.

③ 杨全发，韩樱. 知识产权保护与跨国公司对外直接投资策略. 经济研究，2006（4）：28 – 34.

④ Keller W, The geography and channels of diffusion at the world's technology frontier, NBER Working Paper, 2001.

溢出的影响因素分析中，以期能够有针对性地提出促进各行业技术溢出效果的对策。

2.2.4 国际技术溢出测度方法及国外研发资本存量表示方法的文献评述

2.2.4.1 国际技术溢出测度方法评述

（1）相关因素回归分析法。

由于国际技术溢出的无形性，其测度通常采用回归分析这种间接方法来估计。回归分析法从国际技术溢出渠道的角度来表征外国研发存量，通过外国研发存量与本国技术进步、经济增长等相关代理变量的回归弹性来估算国际技术溢出的效应。Coe 和 Helpman（1995）首先开创了这种分析方法。之后 Lichtenberg 和 Pottelsberghe（1998），R. Falvey[①]（2002），Yeaple[②]（2003）完善了 CH 法。现有文献从国际贸易、国际投资等不同渠道进行研究，对表征外国研发存量的方法不断完善和修订，但几乎所有文献都是采用回归分析法对国际技术溢出进行测度的。

（2）一般均衡测度法。

国际技术溢出测度的一般均衡模型是由 Eaton 和 Kortum（1999）创建的。此模型使用了连续型的包含不同质量和数量的中间投入品生产函数，刻画了想法变成技术，技术使用及扩散的动态过程，建立了决定专利申请的成本收益比较模型。通过一般均衡分析求出稳态的全要素增长率进而估算国际技术溢出效应。国内学者李平[③]（2006）借

---

① Falvey R, Foster N & Greenaway D, North-South trade, knowledge spillovers and growth, Journal of economic integration, 2002, 650 – 670.

② Yeaple SR, The complex integration strategies of multinationals and cross country dependencies in the structure of foreign direct investment, Journal of international economics, 2003, 293 – 314.

③ 李平. 国际技术扩散的路径和方式. 世界经济, 2006（9）: 85 – 93.

鉴 Eaton 和 Kortum 的模型分析了经济增长和国际技术溢出的关系。

（3）两种方法的比较。

相关因素回归分析法的优点是不需要太多假设条件，可根据数据可得性选取相应变量，可通过实证方法对模型进行检验。缺点是可能存在内生性、伪回归等问题，但这些问题随着计量经济学的发展已经得到较好的解决。一般均衡测度法的优点：几乎考虑了所有内生变量对国际技术溢出的影响，避免了内生性问题。但是此模型假设条件及参数过多，无法对实证数据进行检验。可操作性较差成为其致命弱点。因此，在实证分析中相关因素回归分析法一直是主流应用模型。

2.2.4.2　不同渠道国外研发资本存量表示方法的评述

研发是反映一国技术投入的重要指标，在实证中也是使用最多的变量。通常用一国国内的研发资本存量表示此国技术投入的情况，用国外的研发资本存量表示外国对本国的技术溢出。由于一国同其他各国的经贸联系程度不同，因此不能用其他各国研发资本的简单算术平均来表示国外研发情况，另外考虑不同的技术溢出渠道其国外研发资本存量的权数设定也不同。

（1）以国际贸易为渠道的权数设定。

Coe 和 Helpman（1995）从国际贸易溢出渠道的角度首创了 CH 模型，CH 模型中以双边贸易进口份额为权重计算贸易伙伴国的研发资本存量；Lichtenberg 和 Pottelsberghe（1998）认为 CH 模型中的计算方法容易导致总量偏差，即如果把两个国家合并成一个国家计算出来的国外研发资本存量就会增加，对测量结果产生较大影响。因此他们对 CH 进行改进创建了 LP 模型，LP 模型中以技术接受国的进口量与技术溢出国的 GDP 之比为权重计算贸易伙伴国的研发资本存量，大大弱化了总量偏差问题，而且这种方法既反映了国际技术溢出的方

向也反映了技术溢出的强度；R. Falvey，N. Foster 和 Greenaway D[①]
（2002）在 CH 模型的基础上，考虑到技术知识的"公共产品"或
"私人产品"特性，构建了估计国外研发资本溢出量的 6 种方法。
FFG 法是对 CH 和 LP 方法的概括（见表 2 - 1）。六种方法的第一、
第二种是 CH 模型中的方法，第三种是 LP 模型中采用的方法。

表 2 - 1   **FFG 法**

序号	计算公式	在出口国/进口国的性质
1	$\sum \dfrac{M_{drt} K_{dt}}{M_{rt}} = \sum_d \theta_{drt} K_{dt}$	公共品/私人品
2	$\sum \dfrac{M_{drt} K_{dt}}{\theta_{rt}} = \dfrac{M_{rt}}{\theta_{rt}} \sum \theta_{drt} K_{dt}$	公共品/私人品
3	$\sum_d \dfrac{M_{drt} K_{dt}}{\theta_{dt}} = M_{rt} \sum_d \theta_{drt} \dfrac{K_{dt}}{\theta_{dt}}$	私人品/公共品
4	$\sum_d M_{drt} K_{dt} = M_{rt} \sum_d \theta_{drt} K_{dt}$	公共品/公共品
5	$\sum_d \dfrac{M_{drt} K_{dt}}{M_{rt} Q_{dt}} = \sum \theta_{drt} \dfrac{K_{dt}}{Q_{dt}}$	私人品/私人品
6	$\sum_d \dfrac{M_{drt} K_{dt}}{Q_{rt} Q_{dt}} = \dfrac{M_{rt}}{Q_{rt}} \sum_d \theta_{drt} \dfrac{K_{dt}}{Q_{dt}}$	私人品/私人品

注：M_{rt} 是进口国（技术接受国）的进口总量；M_{drt} 是进口国从出口国 d 的进口量；Q_{rt}
是进口国的 GDP；Q_{dt} 是出口国的 GDP；K_{dt} 是出口国 d 的研发资本存量；θ_{drt} 是进口国 r 从
出口国 d 的进口量占 r 国进口总量的比例；r 代表技术接受国；d 代表技术溢出国。

（2）以国际投资为渠道的权数设定。

Hejazi 和 Safarian[②]（1999）受 CH 法的启发，从国际投资的渠道
用双边投资份额为权重计算投资伙伴国的研发资本存量；

---

① Falvey R, Foster N & Greenaway D, North-South trade, knowledge spillovers and growth, Journal of economic integration, 2002, 650 - 670.

② Hejazi WA & Safarian E, Trade, Foreign Direct Investment and R&D spillovers, Journal of international business studies, 1999, 491 - 511.

F. Lichtenberg 和 Pottlesberghe de la Potterie BV（2001）把 LP 模型计算权重的方法应用到国际投资渠道中，用技术溢出国流入技术接受国的 FDI 的数量与技术溢出国固定资本形成总额的比作为权重计算；Savvides 和 Zachariadis[①]（2005）用技术溢出国流入接受国的 FDI 量与技术溢出国的 GDP 之比作为权重计算国外研发资本存量。

（3）以国外专利申请为渠道的研发资本存量的设定。

Eaton 和 Kortum（1996）以 OECD 国家的国际专利申请数据作为技术溢出的指标，通过计量模型寻求其对一国生产力的影响。而 Sjohom（1996）把专利引用数作为国际技术溢出的指标，研究国际贸易渠道的国际技术溢出问题。

2.3　本章小结

本章对 FDI 渠道国际技术溢出理论、产业升级等基本理论进行总结。通过对"干中学"模型、知识溢出模型以及人力资本模型这三个代表性内生增长理论的分析和比较，明确界定技术的内涵和属性。通过对 Macdougall 的外商直接投资的福利效应分析，表明了 FDI 渠道的国际技术溢出的存在性。产业升级理论揭示出产业升级的动力机制主要来自需求方、供给方以及两者的共同作用。技术进步对产业升级的影响主要是从供给方的角度研究产业升级的机制。那么在开放条件下，FDI 带来的国际技术溢出将会对东道国的产业升级产生影响。由此得出本书的研究思路：从要素供给的角度研究 FDI 带来的技术对东道国技术进步产生溢出效应，从而影响东道国的产业升级。

随后本章梳理了 FDI 渠道国际技术溢出的相关文献。从对相关文献的评述中可以看出，关于 FDI 渠道国际技术溢出机制的理论研究相

① Savvides A & Zachariadis M, International technology diffusion and the growth of TFP in the manufacturing sector of developing economies, Review of development economics, 2005, 182 – 201.

对较少，且多是建立博弈模型的福利效应分析。而关于 FDI 渠道国际技术溢出效应的实证研究相对较多。然而这些实证研究主要从不同的溢出机制测算 FDI 渠道国际技术溢出效应的大小，从而评估这种溢出效应对一国技术进步和经济增长的作用。较少有学者关注 FDI 带来的国际技术溢出对一国产业升级的影响。接着对 FDI 渠道国际技术溢出与产业升级关联研究的文献进行梳理，这些文献要么是从微观价值链视角进行分析，要么是从宏观产业结构视角入手。较少有文献从行业层面研究 FDI 渠道国际技术溢出与产业升级的关系。关于国际技术溢出影响因素的文献，主要集中在经济因素、制度因素以及自然因素等方面。最后对国际技术溢出的测度方法进行了评述。

通过本章的经典理论回顾以及对以往研究文献的梳理，为接下来的研究提供了研究视角和思路，为后面问题的解决提供理论基础和实证分析的方法及工具。

第3章　中国制造业发展概况及FDI渠道技术溢出的多维度分析

3.1 中国制造业发展概况

改革开放 30 多年来，中国制造业快速发展，成为国民经济发展的重要支撑。2011 年中国制造业产值达 466529.27 亿元，占工业总产值的 55.3%。规模以上制造业企业 301489 个，全年就业人数 8053.95 万人。在 2014 年波士顿咨询公司（BCG）发布的全球制造业竞争力排名报告中，中国排名第一位。然而与发达国家相比中国制造业仅体现在总量和成本上的优势。在技术水平、创新能力以及产业结构方面存在诸多问题。因此，客观评价中国制造业的发展现状及对制造业存在问题进行深刻分析，才能为中国制造业的发展提出切实可行的政策建议。

3.1.1 制造业总体发展状况

随着全球制造业生产从发达国家向发展中国家的不断转移，大量跨国公司的生产基地都转向了具有廉价劳动力、较低社会成本、良好基础设施和较大市场的中国、印度等新兴发展中国家。发展中国家的制造业价值增值占世界制造业价值增值的比重从 1990 年的 20% 上升到 2010 年的 30%。另外，通过对发展中国家（或地区）制造业数据的深入分析可知，发展中国家（或地区）制造业的增长主要归功于中国制造业的快速发展，如图 3 - 1 和图 3 - 2 所示。

与世界主要的发达国家相比，中国制造业价值增值的年均增长率较高。2005 ~ 2010 年，中国 MVA（Manufacturing Value Added）年均增长率为 10.57%，远远高于世界 1.96% 的增长速度。而同期德国的 MVA 年均增长率为 1.99%，日本为 - 0.07%，美国为 0.44%。中国 MVA 的快速增长表明我国在世界制造业中的地位不断增强。

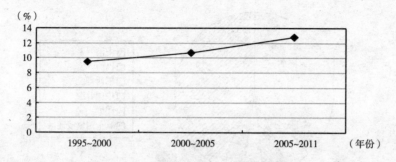

图 3 - 1　中国制造业价值增值年均增长率

资料来源：1995～2005 年数据来自联合国工业发展组织 UNIDO；2005～2011 年数据来自联合国统计署 national accounts main aggregate database。

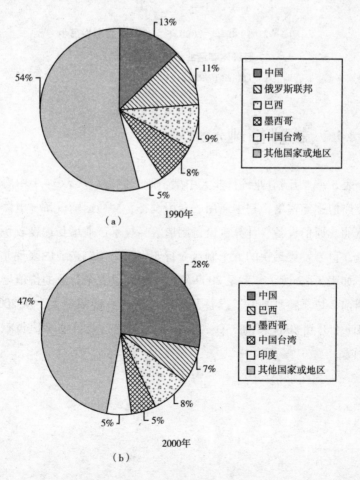

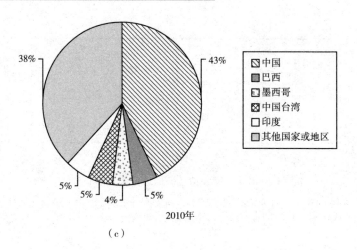

（c）

图 3 - 2   1990 年、2000 年、2010 年主要发展中

经济体制造业价值增值的份额

资料来源：联合国工业发展组织 UNIDO。

3.1.2   制造业各行业分类比较

表 3 - 1 为制造业各行业大中型企业产值表。从表 3 - 1 中看到各行业产值逐年递增，其中通用、专用设备、交通运输设备、电器机械制造业、通信设备、计算机设备制造等高技术产业增长速度较快。特别是在世界发展最快的五个制造业行业中，中国制造业的表现尤为突出。如表 3 - 2 所示，截至 2009 年，中国在这五个行业的价值增值中稳居前 2 位。特别是电子设备及零部件制造业增幅最大，从 2000 年的 4% 上升到 2009 年的 33%，一跃成为对此行业价值增值贡献最大的国家。

表 3-1　大中型制造业企业分行业产值（以 2001 年为基期）

单位：亿元

行业	2001 年	2002 年	2003 年	2004 年	2005 年	2006 年	2007 年	2008 年	2009 年	2010 年	2011 年
农副食品加工业	1703.30	1961.42	2604.14	2953.75	3918.79	4610.28	5949.59	7485.00	9093.41	10982.92	14446.53
食品制造业	812.25	1010.35	1357.17	1404.33	3394.04	2405.40	2942.11	3391.53	4283.87	4870.08	6233.77
饮料制造业	1292.59	1436.99	1590.84	1588.99	2774.28	2270.85	2839.05	3123.74	3845.03	4366.37	5727.87
烟草制品业	1572.21	1953.91	2176.08	2383.07	2551.09	2522.71	3149.48	3430.48	4074.59	4522.14	4841.31
纺织业	2579.62	2806.13	4435.73	4780.83	11379.62	6900.20	7901.23	7946.81	8826.33	10651.89	13382.48
纺织服装、鞋、帽制造业	656.24	713.26	1413.41	1408.76	4467.41	2461.79	2924.44	3268.23	3734.11	4243.77	6005.47
皮革、毛皮、羽毛（绒）及其制品业	408.51	441.83	1168.86	1208.69	3109.72	1765.25	2205.01	2320.53	2714.13	3352.38	4175.98
木材加工及木、竹、藤、棕、草制品业	201.44	225.02	333.84	311.18	1641.35	588.03	806.80	881.31	1040.61	1247.56	1764.29
家具制造业	72.14	81.38	327.73	348.53	1281.73	805.17	950.71	991.74	1080.79	1428.17	1874.15
造纸及纸制品业	885.08	1031.48	1351.74	1477.42	3737.03	2310.31	2848.24	3169.13	3369.01	4119.32	4777.57
印刷业和记录媒介的复制	311.06	337.68	415.20	428.71	1295.83	588.01	710.93	741.61	843.04	904.87	1132.34
文教体育用品制造业	169.05	197.59	463.39	494.21	1331.34	738.37	838.92	897.11	931.03	1062.13	1327.39

续表

行业	2001 年	2002 年	2003 年	2004 年	2005 年	2006 年	2007 年	2008 年	2009 年	2010 年	2011 年
石油加工、炼焦及核燃料加工业	3984.19	4187.02	5635.41	7266.01	10776.89	11797.78	13428.42	15947.19	15729.81	20573.71	24583.09
化学原料及化学制品制造业	3773.49	4288.20	5517.02	6716.35	14691.59	9945.73	12274.54	14075.64	15384.17	19564.69	25023.31
医药制造业	1300.66	1564.10	1919.68	2041.34	3817.06	2693.79	3276.02	3762.41	4675.07	5507.17	6887.77
化学纤维制造业	768.52	818.93	1129.78	1341.83	2342.43	2178.60	2728.93	2315.50	2330.69	2946.15	3776.55
橡胶制造业	531.49	605.07	926.80	1000.89	1972.76	1573.30	1907.96	2030.66	2403.86	2889.96	3710.16
塑料制品业	691.57	812.71	1209.48	1334.03	4551.16	2035.96	2396.45	2554.06	2833.89	3434.62	4289.83
非金属矿物制品业	1558.40	1712.31	2521.13	2832.14	8257.67	4203.14	5307.89	6324.97	7612.83	9439.91	12613.78
黑色金属冶炼及压延加工业	4501.74	5162.01	8505.76	12417.57	19281.75	18204.27	23342.33	29422.44	29355.70	33785.97	39258.11
有色金属冶炼及压延加工业	1462.41	1548.33	2317.11	3131.29	7128.58	6939.21	9259.20	9773.78	10008.44	13261.79	16533.17
金属制品业	813.77	949.28	1545.23	1739.46	5888.22	3082.17	3867.37	4471.34	4661.77	5884.21	7185.52
通用设备制造业	1780.45	2203.79	3141.47	3631.15	9528.51	6309.65	7792.92	9004.13	9964.31	12239.21	14785.60
专用设备制造业	1236.25	1491.22	2416.91	2544.60	5464.95	3984.99	4971.80	6141.82	7237.05	9098.39	11069.28
交通运输设备制造业	4982.51	6610.03	9364.31	10122.65	14112.54	14181.23	18333.38	20598.91	273360.10	35345.96	38619.44

续表

行业	2001 年	2002 年	2003 年	2004 年	2005 年	2006 年	2007 年	2008 年	2009 年	2010 年	2011 年
电气机械及器材制造业	3088.08	3377.37	5158.92	5920.90	12483.88	10069.46	12998.11	14939.33	17064.43	21572.18	25033.00
通信设备、计算机及其他电子设备制造业	6722.51	8395.19	13946.10	17138.51	24241.97	25494.17	29756.15	30459.09	32581.22	38256.76	42513.39
仪器仪表及文化、办公用品制造业	506.64	588.20	1072.32	1323.62	2497.49	2063.83	2442.71	2528.52	2573.80	3111.32	3685.37
工艺品及其他制造业	0.00	0.00	419.83	431.89	1828.12	883.11	1131.12	1242.83	1482.98	1905.93	2859.41
废弃资源和废旧材料回收加工业	0.00	0.00	11.57	8.43	263.08	58.14	86.62	214.94	193.22	548.41	743.52

资料来源：中国统计局。

表 3 – 2   制造业中五个最快增长行业主要生产国家或地区

行业部门	年均增长率	占世界制造业价值增值的份额			
		国家或地区	2000	国家或地区	2009
办公用品、会计及计算机设备（ISIC30）	9.8%	美国	53%	美国	53%
		日本	15%	中国	11%②
		英国	6%	日本	9%
		中国	4%④	德国	7%
		德国	4%	韩国	6%
收音机、电视和通信设备（ISIC32）	9.4%	美国	61%	美国	62%
		日本	15%	中国	12%②
		中国	5%③	日本	10%
		中国台湾	3%	韩国	5%
		韩国	3%	中国台湾	4%
电子设备及器材（ISIC31）	7.9%	日本	23%	中国	33%①
		美国	21%	日本	20%
		德国	13%	德国	10%
		中国	8%④	美国	10%
		意大利	4%	印度	5%
其他交通设备（ISIC 35）	7.3%	美国	31%	美国	22%
		日本	9%	中国	15%②
		英国	8%	巴西	14%
		巴西	6%	日本	7%
		法国	5%	韩国	6%
金属制品（ISIC27）	5.7%	日本	23%	中国	48%①
		美国	14%	日本	14%
		中国	12%③	美国	5%
		德国	6%	德国	4%
		韩国	4%	印度	3%

资料来源：UNIDO 2010。

对制造业各行业进行横向比较（见表 3 - 3）：劳动密集型行业[①]
中食品、饮料、烟草制造及纺织、服装、制鞋等传统优势行业的产值
占制造业总产值的比重不断下降。而木材加工、家具制造以及造纸和
印刷业的产值占比逐年递增，表 3 - 3 中数据显示我国劳动密集型产
业以高耗能、高污染的产业为主；资本密集型行业产值总体呈现平稳
上升趋势；而技术密集型行业的产值呈现大幅度增长态势。如通用设
备制造业 10 年产值增长了 8 倍。

从三大类行业产值占比看（见图 3 - 3），2001 年劳动密集型、
资本密集型和技术密集型产业占比分别为 22%、40% 和 38%。而到
2011 年三大行业占比为 19%，41% 和 40%。说明我国制造业产业结
构处于不断升级的过程中。

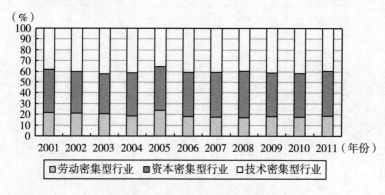

图 3 - 3　三大类制造行业不同时期产值占比

资料来源：中国统计局。

3.1.3　制造业进出口情况

总体来看，我国制造业进出口贸易呈现顺差格局，且贸易差额不
断增大。如图 3 - 4 所示。但是在纸、纸浆、印刷品，石油、炼焦及

---

① 劳动密集型行业、资本密集型行业、技术密集型行业分类标准见附录表 1。

表 3 - 3   制造业各行业产值占制造业总产值的比重

行业	2001	2002	2003	2004	2005	2006	2007	2008	2009	2010	2011
农副食品加工业	0.0352	0.0347	0.0309	0.0296	0.0200	0.0300	0.0314	0.0351	0.0383	0.0367	0.0414
食品制造业	0.0168	0.0179	0.0161	0.0141	0.0173	0.0157	0.0155	0.0159	0.0181	0.0163	0.0179
饮料制造业	0.0267	0.0254	0.0188	0.0159	0.0142	0.0148	0.0150	0.0146	0.0162	0.0146	0.0164
烟草制品业	0.0325	0.0346	0.0258	0.0239	0.0130	0.0164	0.0166	0.0161	0.0172	0.0151	0.0139
纺织业	0.0533	0.0497	0.0526	0.0479	0.0582	0.0449	0.0417	0.0372	0.0372	0.0356	0.0384
纺织服装、鞋、帽制造业	0.0136	0.0126	0.0167	0.0141	0.0228	0.0160	0.0154	0.0153	0.0157	0.0142	0.0172
皮革、毛皮、羽毛（绒）及其制品业	0.0084	0.0078	0.0138	0.0121	0.0159	0.0115	0.0116	0.0109	0.0114	0.0112	0.0120
木材加工及木、竹、藤、棕、草制品业	0.0042	0.0040	0.0040	0.0031	0.0084	0.0038	0.0043	0.0041	0.0044	0.0042	0.0051
家具制造业	0.0015	0.0014	0.0039	0.0035	0.0066	0.0052	0.0050	0.0046	0.0046	0.0048	0.0054
造纸及纸制品业	0.0183	0.0183	0.0160	0.0148	0.0191	0.0150	0.0150	0.0148	0.0142	0.0138	0.0137
印刷业和记录媒介的复制	0.0064	0.0060	0.0049	0.0043	0.0066	0.0038	0.0038	0.0035	0.0036	0.0030	0.0032
文教体育用品制造业	0.0035	0.0035	0.0055	0.0050	0.0068	0.0048	0.0044	0.0042	0.0039	0.0036	0.0038

续表

行业	2001	2002	2003	2004	2005	2006	2007	2008	2009	2010	2011
石油加工、炼焦及核燃料加工业	0.0824	0.0741	0.0668	0.0729	0.0551	0.0768	0.0709	0.0747	0.0663	0.0688	0.0705
化学原料及化学制品制造业	0.0780	0.0759	0.0654	0.0673	0.0751	0.0647	0.0648	0.0659	0.0648	0.0654	0.0717
医药制造业	0.0269	0.0277	0.0227	0.0205	0.0195	0.0175	0.0173	0.0176	0.0197	0.0184	0.0197
化学纤维制造业	0.0159	0.0145	0.0134	0.0135	0.0120	0.0142	0.0144	0.0108	0.0098	0.0099	0.0108
橡胶制品业	0.0110	0.0107	0.0110	0.0100	0.0101	0.0102	0.0101	0.0095	0.0101	0.0097	0.0106
塑料制品业	0.0143	0.0144	0.0143	0.0134	0.0233	0.0132	0.0127	0.0120	0.0119	0.0115	0.0123
非金属矿物制品业	0.0322	0.0303	0.0299	0.0284	0.0422	0.0274	0.0280	0.0296	0.0321	0.0316	0.0362
黑色金属冶炼及压延加工业	0.0931	0.0913	0.1008	0.1245	0.0986	0.1185	0.1233	0.1378	0.1237	0.1130	0.1125
有色金属冶炼及压延加工业	0.0302	0.0274	0.0275	0.0314	0.0364	0.0452	0.0489	0.0458	0.0422	0.0443	0.0474
金属制品业	0.0168	0.0168	0.0183	0.0174	0.0301	0.0201	0.0204	0.0209	0.0196	0.0197	0.0206
通用设备制造业	0.0368	0.0390	0.0372	0.0364	0.0487	0.0411	0.0412	0.0422	0.0420	0.0409	0.0424
专用设备制造业	0.0256	0.0264	0.0286	0.0255	0.0279	0.0259	0.0263	0.0288	0.0305	0.0304	0.0317
交通运输设备制造业	0.1030	0.1170	0.1110	0.1015	0.0721	0.0923	0.0968	0.0965	0.1153	0.1182	0.1107

续表

行业	2001	2002	2003	2004	2005	2006	2007	2008	2009	2010	2011
电气机械及器材制造业	0.0638	0.0598	0.0611	0.0594	0.0638	0.0655	0.0686	0.0700	0.0719	0.0721	0.0718
通信设备、计算机及其他电子设备制造业	0.1390	0.1486	0.1652	0.1718	0.1239	0.1659	0.1571	0.1427	0.1373	0.1279	0.1219
仪器仪表及文化、办公用品	0.0105	0.0104	0.0127	0.0133	0.0128	0.0134	0.0129	0.0118	0.0108	0.0104	0.0106
工艺品及其他制造业	0.0000	0.0000	0.0050	0.0043	0.0093	0.0057	0.0060	0.0058	0.0062	0.0064	0.0082
废弃资源和废旧材料回收加工业	0.0000	0.0000	0.0001	0.0001	0.0013	0.0004	0.0005	0.0010	0.0008	0.0018	0.0021

资料来源:《中国统计年鉴》。

核燃料，化学原料及制品行业进口大于出口。

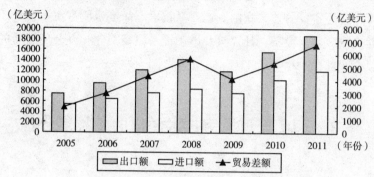

图 3 - 4　制造业进出口额及贸易差额
资料来源：OECD 数据库。

　　从出口方面看，中国制造业出口总额不断增加，占世界制造业出口比重大幅上升，如图 3 - 5 所示。特别是高技术产品出口占中国制造业出口的比重增长较快。主要出口行业包括传统的纺织、服装、鞋及皮革制品；金属及加工制品以及通用设备及电子、光学设备等高技术产品。

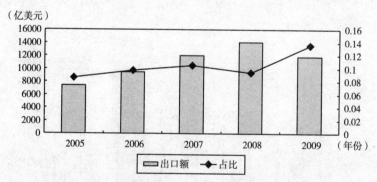

图 3 - 5　2005～2009 年中国制造业出口额和占世界制造业出口总额的比重
资料来源：OECD 数据库。

　　从进口方面看，由于中国制造业主要是以依靠廉价的劳动力为主的出口导向型加工贸易发展模式，因此伴随着制造业出口额的高速增长，我国制造业进口总额也不断攀升。2011 年中国制造业的进口总额达 11936 亿美元。从进口的行业分析，主要进口商品以化学原料等初级产品为主。另外，我国制造业高技术产品进口所占比重较大，如电气机械、通信设备、计算机及电子设备以及文化、办公用品的进口占制造业进口的比重达 42%。

3.2 FDI 渠道国际技术溢出的多维度分析

1992 年邓小平"南方讲话"加速了我国对外开放的步伐，也开启了中国真正利用外资的时代。从此以后我国的外商直接投资稳步增长（见图 3 -6），截至 2014 年，中国 FDI 流入量 1280 亿美元，居全球第一位，约占世界 FDI 流入总量的 10%。2002 ~ 2012 年的十年，中国利用 FDI 项目总计 37 万个，实际使用外资金额 8859 亿美元。FDI 的进入对中国社会的贡献也越来越大，2012 年外资企业涉外税收金额 21768.8 亿美元，占全国税收总额的 20% 以上。外商投资企业进出口总额快速增长，并突破 18940 亿美元，占 2012 年全年进出口总额的 49%。

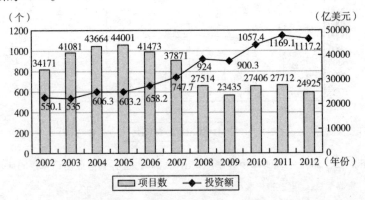

图 3 -6　中国外商直接投资趋势

资料来源：商务部外资统计。

从外商对华投资的历史进程看，起步阶段外商直接投资主要集中在第三产业，1979～1987 年进入第三产业的外商直接投资占外资总额的 64%，以高利润的房地产业为主。此后，外商投资开始向第二产业集中，特别是制造业。2011 年第三产业吸引外商投资再一次超过第二产业，表明我国第三产业对经济增长的贡献度不断增强。然而不论 FDI 在三大产业中如何变动，多年来制造业的外商投资一直占最主要地位，如表 3-4 所示。从表中看出外商对华制造业投资额不断增长，但占总投资额的比重却逐年递减。

表 3-4　　　　　　　　　制造业 FDI 份额情况　　　　　　　　单位：万美元

年份	实际使用 FDI 金额	FDI 总额	占 FDI 总额的比重
2012	4887000	1117000	0.437432868
2011	5210054	11601100	0.449099999
2010	4959058	10573524	0.469007116
2009	4677146	9003272	0.519494024
2008	4989483	9239544	0.540013988
2007	4086482	7476789	0.546555747
2006	4007671	6302061	0.635930214
2005	4245291	6032469	0.70374021
2000	4425430	6237952	0.709436366

资料来源：《中国统计年鉴》数据库。

综上所述，多年来我国引进 FDI 稳步增长，而制造业又是 FDI 进入的主要行业。国际直接投资的国别分布、行业分布以及投资方式的选择都会影响到我国制造业国际技术溢出的效果。因此有必要对国际直接投资在制造业内的行业分布及来源地等内容进行深入的分析。

3.2.1　FDI 投资行业分布

从外商直接投资的行业分布看，2012 年，外商直接投资主要集中在通信设备、计算机及其他电子设备制造业（13.5%），电气机械及器材制造业（10.4%），交通运输设备制造业（9.1%），通用设备制造业（8.6%），化学原料及化学制品制造业（8%），专业设备制造业（7.1%），食品制造业（3.7%），纺织业（2.6%）等①。从图3－7中可以看出外商对中国制造业的直接投资中技术密集型产业明显高于劳动密集型产业。其中电气机械及器材制造业增速较快，而FDI对传统纺织业的投资占制造业总投资的比重大幅度下滑，这一现象产生的原因与我国纺织行业频繁遭遇贸易摩擦，导致外商投资企业出口受阻，投资环境不断恶化有关。

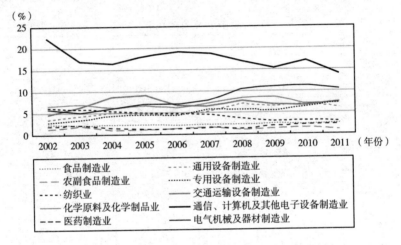

图3－7 2002~2011年制造业主要行业外商直接投资占制造业投资总额的比重

资料来源：2013年中国外商投资报告。

纵向来看，传统的劳动密集型行业如纺织业、纺织服装、鞋、帽制造业等行业的外商投资企业产值比重不断下降（见表3－5）。表明在劳动密集型行业外商投资企业的比较优势正在逐渐丧失，国内企业与外资企业的技术差距不断缩小，竞争程度日益加深。

---

① 资料来源：2013年中国外商投资报告。

表 3 - 5   外商投资工业企业产值及占工业总产值的比重

行业年份	2011 年		2010 年		2009 年		2008 年	
	产值	占比	产值	占比	产值	占比	产值	占比
农副食品加工业	8997.10	0.041192	7854.98	0.04136	6880.61	0.045064	6400.04	0.042726
食品制造业	4606.39	0.02109	3614.50	0.019032	3158.08	0.020683	2839.85	0.018958
纺织业	6857.41	0.031396	6072.84	0.031976	5014.53	0.032842	4867.17	0.032492
纺织服装、鞋、帽制造业	4843.71	0.022176	4626.20	0.024359	4158.60	0.027236	3981.89	0.026582
石油加工、炼焦及核燃料加工业	4586.08	0.020997	3941.66	0.020755	2874.00	0.018823	3030.59	0.020232
化学原料及化学制品制造业	15927.35	0.072922	12587.09	0.066277	9427.90	0.061747	9114.43	0.060846
塑料制品业	4586.57	0.020999	4369.01	0.023005	3601.00	0.023584	3646.91	0.024346
非金属矿物制品业	5281.96	0.024183	4567.47	0.02405	3696.44	0.024209	3557.39	0.023749
黑色金属冶炼及压延加工业	8214.57	0.03761	6841.97	0.036026	5896.92	0.038621	6459.21	0.043121
有色金属冶炼及压延加工业	4852.38	0.022216	4058.39	0.021369	3109.08	0.020362	3329.76	0.022229
金属制品业	5687.70	0.026041	5100.78	0.026858	4041.03	0.026466	4649.24	0.031038
通用设备制造业	9207.12	0.042154	7979.83	0.042017	6188.66	0.040532	6297.39	0.04204
专用设备制造业	6069.12	0.027787	5379.27	0.028324	4027.97	0.026381	3920.09	0.02617
交通运输设备制造业	27856.36	0.127537	24608.58	0.129575	18533.21	0.121381	14963.07	0.099891
电气机械及器材制造业	15428.63	0.070638	13613.26	0.07168	10809.23	0.070794	10744.65	0.071729
通信设备、计算机及其他电子设备制造业	48549.93	0.222281	42538.87	0.223987	34713.22	0.227349	35684.48	0.238223

资料来源:《中国统计年鉴》。

从表面来看,对华制造业的直接投资虽然呈现出对技术密集型产业投资增加的趋势,但是外资却集中在技术密集型产业的劳动密集型环节。以外商投资工业企业集中度最高的通信设备、计算机及其他电子设备制造业为例，此行业属于高技术产业。2008 年工业增加值率为 20.2%，比食品制造业低 10.5 个百分点，比纺织业低 6 个百分点。从行业层面看，工业增加值率体现了产业组织结构的优化、资源配置效率的提升。高技术产业本应是工业增加值高的行业，但是在中国外商直接投资密集的高技术产业工业增加值率却低于许多劳动密集型行业。这一现实表明中国利用自身廉价的劳动要素嵌入全球价值链分工体系中，始终处于国际价值链的低端，上游跨国企业通过价值链管理控制下游加工企业，许多核心技术及核心部件为国外所有，下游中国企业无法参与到关键技术的研发及使用中，因此外商直接投资对我国的技术溢出效果有限。

3.2.2　FDI 投资方式

按照国际直接投资理论，外商直接投资的方式主要有设立外商独资企业、中外合资企业和中外合作经营企业三种。

在外商投资进入中国市场的初期，外商投资企业非常谨慎，大多数以合资或合作的形式进行经营。采用合资或合作经营的方式与中国当时利用外资的政策以及色彩浓重的计划经济等因素有关。跨国公司通过合资、合作的方式进入中国市场，不但可以利用中方企业建立的销售网络和知名品牌，而且可以减少东道国对海外企业取代本国企业的恐惧，享受到优惠的税收政策。如美国宝洁买断"熊猫"、高露洁参股"三笑"等案例。

20 世纪 90 年代后，随着外商投资政策的逐渐放宽，许多原来以合资、合作方式进入的外资企业，为了减少与中方企业在管理、文化等方面的冲突，为了实现自身利润的最大化，纷纷开始对原有企业的股权进行扩张。另外新设立的独资企业数量也大幅度增长，特别是跨国公司掀起了一轮在中国跨国并购的浪潮。许多国内知名的民族品牌都被纳入跨国公司的旗下，如在这一时期娃哈哈、乐百氏被法国达能公司收购。

这一阶段，在实际利用的外资金额中，外商独资企业占比不断提高，到 2001 年就已超过合资和合作企业利用外资之和（见图 3 - 8）。2012 年，我国吸引外商直接投资金额 1117.2 亿美元，其中独资企业金额 861.3 亿美元，比重为 77.1%，较 2011 年下降 5.6 个百分点。由此可见，随着中国对外开放政策的完善以及中国外商投资环境的不断改善，外商独资化趋势越来越明显。

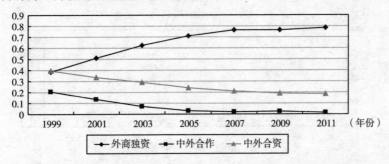

图 3 - 8　1999 ~ 2011 年在我国外商直接投资主要方式的变化趋势

从制造行业内部看，也体现出外商独资化的特点。以各行业外商独资企业利用外资的金额和项目数量来衡量，2012 年独资企业利用外资居首位的行业为通信设备、计算机及其他电子设备制造业，其独资企业实际使用外资金额占比为 82.9%，项目占比为 97.3%，其余各主要行业独资企业使用外资金额占比也都保持在 60% 以上。只有交通运输设备制造业占比相对较低，独资企业使用外资金额占比仅为 51.2%。

外商独资化的原因是多方面的，如实现跨国公司全球战略的需要；通过独资化方式降低投资成本等。在诸多的原因中减少核心技术的泄露无疑是最主要的动因。为了防止技术外溢保持自身技术上的优势，跨国公司往往将先进技术在其东道国的子公司中使用，很少投入当地企业，所以本地企业获得的技术溢出较少。特别是跨国公司带入的技术越先进，外资企业就越倾向于以外商独资的方式进入中国市场。

3.2.3　FDI的国别（地区）分布

图3-9是2012年对我国直接投资排名前10位的国家和地区。从图3-9中可知，亚洲的中国香港、中国台湾、新加坡以及日本、韩国对我国直接投资较多，占外国对我国投资总额的76.2%。

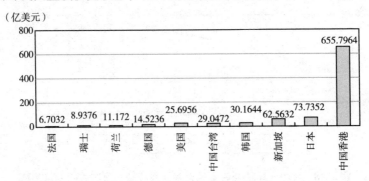

图3-9　2012年对我国投资排名前10位的国家和地区

资料来源：《中国统计年鉴》。

对中国制造业直接投资排名前五位的国家和地区分别是中国香港、日本、新加坡、中国台湾及韩国。通过对比可以发现，对制造业的外商直接投资与对我国整体的外商直接投资的国家及地区排名基本是一致的。2012年中国香港对内地制造业投资实际使用金额为243.8亿美元，投资项目5147个；日本对中国制造业投资额占日本对中国投资总额的比重从2006年的82.1%下降到2012年的61.8%，下降了20%，而同期日本对中国租赁和商务服务业的直接投资不断上升；新加坡对中国制造业直接投资仅占其对中国投资总额的34.7%，新加坡对中国投资的主要行业为房地产业；中国台湾从2002年至今对大陆制造业投资一直保持在对中国投资的70%以上；2012年美国对中国制造业投资仅为12.9亿美元。通过数据分析可以得出对中国制造业投资的各国和地区表现出如下特点：

第一，各国对中国制造业投资占其对中国投资总额的比重均呈现出下降趋势，而对中国服务业的投资比重占各国投资比重不断上升，特别是租赁和商务服务业，如美国的对中国租赁和商务服务业从 2002 年的不足 3 亿美元上升至 2012 年的 5 亿美元。

第二，从各国（地区）之间的横向比较，可以看到中国香港、中国台湾、新加坡这些国家和地区对中国制造业投资占到对中国制造业总投资的 58.7%，而日本、韩国、美国、德国、法国等发达国家对中国制造业投资仅占对中国制造业总投资额的 18%（见表 3 – 6）。

表 3 – 6　　　2012 年对中国制造业投资国家和地区的投资金额

国家和地区	对中国制造业投资金额（亿美元）	占全部对制造业投资的比重（%）
中国香港	243.8	49.887
日本	45.4	9.290
新加坡	21.9	4.481
中国台湾	21.7	4.440
韩国	20.9	4.277
美国	12.9	2.640
德国	10.1	2.067
法国	2.6	0.532

资料来源：2013 中国外商投资报告·中华人民共和国商务部。

第三，从对制造业各行业的投资国别看，食品制造业、医药行业的主要投资国家和地区为中国香港和瑞典；交通运输设备制造业，通信设备、计算机及其他电子设备制造业，电器机械及器材制造业等高技术产业中由美、德等发达国家投资，其余行业主要是由东南亚国家投资。

小岛清的边际产业扩张论认为，一国应该将在此国处于技术落后或劳动生产率低下的边际产业转移到国外。运用这一国际直接投资理论同时结合制造业外商投资的来源分布，笔者认为不同的转移资本处于不同的技术阶梯，因此对东道国的技术溢出影响不同。

港、澳、台等新兴工业体与中国大陆处于同一技术水平，同时来自港、澳、台的外资企业具有明显的出口导向型特点,因而对中国企业的技术溢出效果有限;而来自发达国家的资本具有较高的技术含量,发达国家的外资企业通常以中国市场为目标,其转移的产业是我国进口替代所推进的产业,合理范围内的技术差距有助于中国制造业的技术进步。实践表明,20 世纪 90 年代后,随着我国投资环境和产业承接力的不断改善,我国大量承接来自日本、韩国等发达国家制造业的直接投资。中国的内资企业在与日、韩企业激烈的市场竞争中,通过上下游企业间的关联能够获得一定的技术溢出。但是值得我国关注的一个重要问题就是研发活动密集的美国、西欧等国家和地区对我国制造业的直接投资较少,缺少高层次的外资也在一定程度上限制了国际技术溢出的效果。

因此从制造业的外资来源国看,引进技术的层次直接影响到我国制造业国际技术溢出的效果。中国利用外资获得先进技术,提高国际竞争力的愿望还远远不能实现。

3.2.4 FDI 的地区分布

制造业外商直接投资的地区分布与我国整体外商直接投资的地区分布是一致的。东部地区是制造业外商直接投资最多的区域,其次是中部地区,最后是西部地区。2002～2012 年,东部地区累计外商投资项目 181866 项,实际利用外资金额 43220956 万美元;中部地区和西部地区的外商投资项目分别是 21139 项、6412 项,实际利用外资金额分别为 3907546 万美元和 1708671 万美元。东部地区和中部地区的制造业外商直接投资均达到总投资的 50% 以上,而对西部地区投资的行业分布上,房地产业居首位占 40.5%,其次才是制造业占 31.5%。

制造业行业外商直接投资地区格局的形成,既与我国对外开放政策的地域性和时序性有关,也与我国地区要素资源分布的不均衡性有直接关系。尽管制造业外商投资地区分布不平衡对经济发展有诸多不利影响，但是从吸收的角度看，我国东部地区完善的基础设施，优质而丰富的人力资源，良好的市场竞争环境都是国际技术溢出所具备的基本条件。大量外资流入东部地区有助于提高我国制造业国际技术溢出水平。

3.2.5　FDI 的投资目的

一国对外直接投资的目的是多样的，主要包括市场寻求型，资源寻求型，转移国内过剩、污染产能，以及绕开贸易壁垒、降低企业成本等。

东道国广阔的消费市场成为吸引外商投资的重要条件，大量的外资属于市场寻求型外资。资源寻求型外资对资源类型的需求也不尽相同：一些国家对外直接投资主要是看中东道国丰富的石油、天然气、矿产等自然资源；也有些国家主要是想利用东道国廉价的劳动力资源；而大多数发展中国家对发达国家直接投资主要是想获取先进的技术或品牌等资源。当一些国家经济发展到较高水平后，会在经济转型的过程中将国内过剩产能和高耗能、高污染行业逐渐向落后国家转移，由此产生以转移国内过剩和污染产业为目的的外商直接投资。当然还有一些企业对外投资是为了逃避东道国的关税和非关税壁垒，以及降低企业成本为目的的对外直接投资。

外资进入中国制造业的初期，主要是看中中国廉价的劳动力成本和丰富的自然资源，将本国的过时或污染行业转移到中国境内。因此，这类外资对我国制造业的技术溢出效果有限，虽然在一定程度上促进了中国的经济增长，但是却使中国能源消耗巨大，环境污染严重。然而伴随着中国经济的不断崛起，国民收入水平及消费能力的不断提高，广阔的市场前景和消费能力成为外资进入中国市场的重要因素。然而与之前外资进入中国市场不同，外资面对竞争力不断提升的中国企业后，在激烈的市场竞争中为保持其竞争优势，不断加大对东道国子公司的技术转移。由此可见，不同目的的外资对中国的技术溢出效果不同，我国应根据外资的进入目的，有选择、有引导地吸引外商直接投资。

3.3 本章小结

本章重点分析了中国制造业的发展现状和引进 FDI 的情况。通过对制造业发展状况及引入 FDI 情况的客观评价，为后面章节的理论分析和实证检验奠定重要的现实基础。

首先，从总体、分行业及进出口三个方面对中国制造业的发展状况进行了全面分析，通过分析可知，中国制造业发展速度较快，高于世界制造业的平均水平；从制造业分行业看，通信、电子设备及零部件、计算机等高技术行业发展迅速；制造业产业处于不断升级过程中；制造业进出口常年顺差，表明中国制造业竞争力较强。

其次，从中国制造业 FDI 渠道国际技术溢出的情况看，尽管外商直接投资呈现出对技术密集型产业投资增加的趋势，但是外资却主要集中在技术密集型行业的劳动密集型环节。中国利用自身廉价的劳动要素嵌入全球价值链分工体系的低端环节，其获取的技术溢出效果有限。此外，外资独资化趋势也在很大程度上抑制了国际技术溢出效应的发挥。另外，从中国引资的国别分布看，中国主要从日韩以及中国港澳台等地区引资，引资层次不高也直接影响到我国制造业国际技术溢出的效果。因此，无论从投资行业分布、投资方式、国别（地区）分布还是投资目的分析，中国制造业引进 FDI 的国际技术溢出效果并不理想，以市场换技术的战略并未达到预期目标。

第4章　FDI、国际技术溢出与中国制造业行业内升级的关联效应

在导论中本书已经对行业内升级做了界定，行业内升级包括工艺升级、功能升级和产品升级。技术进步可以促进生产工艺及设备的更新换代，可以促进产品的升级换代，还可以带来劳动者经营、管理以及专业知识的积累，有助于从行业内价值链低端环节向高端环节的攀升。除了提供产业升级的物质基础外，技术进步还可以通过提高劳动者的素质来提供产业升级的软实力。行业内技术发展水平决定了此行业在全球分工体系中的地位和层次，而各行业的技术进步可以实现行业内的升级。因此，本章将以技术进步作为行业内升级的代理变量，探讨 FDI 渠道国际技术溢出对制造业行业内升级的影响。

4.1 中国制造业技术发展水平的综合评价

4.1.1 中国制造业技术发展水平的总体评价及国际比较

4.1.1.1 中国制造业技术发展水平的总体评价

研发投入是一国具备创新能力的重要基础。2001～2011 年，中国制造业的研发投入强度逐年递增，10 年间研发投入强度增长了 12 倍。研发投入强度的增长导致中国制造业的技术升级趋势显著。

首先，表现为产业高度加工化。2011 年中国制造业增加值占全部产业增加值的 31.83%，是采矿业的 5.53 倍。图 4 - 1 为 2004～2011 年中国制造业价值增加值的变动趋势图。从图中可以看出，制造业增加值逐年递增，但 2008 年之后增长速度明显放缓。表明国际金融危机导致的市场萎缩对我国制造业的发展产生一定的影响。

其次，我国高技术产业在工业总体中的比重大幅度提高。2000～2011 年，我国在高技术产业的投资额从 563 亿元增加到 9468.5 亿元。2011 年我国高技术产业的技术引进经费为 69.65 亿元，研发经费更是高达 1237.8 亿元，是 2000 年的 11 倍。高技术行业的巨大投入使我国高技术产业的产值在工业总体中的比重由 2000 年的 26% 上升到 2011 年的 46.9%。高技术产业的快速发展表明我国制造业的技术水平不断提升。

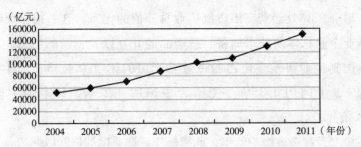

图 4 – 1　2004～2011 年中国制造业增加值

资料来源：中国统计年鉴数据库。

再次，我国制造业装备水平也明显改善。人均资本额由 2000 年的 13.75 万元增长到 2011 年的 92.41 万元。制造业装备水平的提高为产业制造效率的提升创造了条件。全员劳动生产率由 2000 年的 4.76 万元/人提高到 2011 年的 27.2 万元/人。

最后，节能减排技术在制造业中得到更为广泛的应用。由于我国一直没有摆脱资源消耗型、环境污染型的粗放式经济增长路径，导致制造业的迅速发展与环境污染并存。实现制造业的清洁发展已经成为政府经济发展的一个重要目标和任务。国家通过市场调节、行政手段干预等多种举措来促进制造业的节能减排，并取得了一定的效果。制造业单位增加值所消耗的能源从 2000 年的 4.57 万吨标准煤/亿元降至 2010 年的 1.47 万吨标准煤/亿元。2010 年工业废水排放达标率达到 96.12%。

4.1.1.2　中国制造业技术发展水平的国际比较

近些年，随着制造业大规模的发展，我国制造业技术水平不断提升，然而，在世界市场上"中国制造"仍被打上技术含量低、附加值低的标签。与传统的制造业大国技术差距非常明显。以下主要从研发支出占制造业总产值的比重、制造业增加值率、高技术产品出口以及专利状况这四个方面反映中国制造业同美国、日本等制造业强国的技术差距。

第一，R&D 经费支出占制造业总产值的比重，这一指标反映了制造业企业总体的技术储备、新产品的开发以及创新的能力。2009年美国制造业研发支出占制造业总产值的比重为 4.33%，日本为 3.22%，中国为 1.35%。美国为中国的 3.2 倍，日本为中国的 2.38 倍[①]。

第二，制造业增加值率，此指标用制造业增加值除以制造业总产值，这一指标能在一定程度上反映产业价值链的价值分配。这一比率越高，说明企业获利能力越强，制造业技术水平越高。2007 年，我国制造业的增加值率仅为美国的 65.6%，日本的 78.4%，差距明显。

第三，高技术产品出口状况。2011 年高技术产品出口额为 5487.9 亿元，占中国出口总额的 28.9%（见图 4 - 2）。这一数据表明我国制造业出口产品转向高技术制造业。

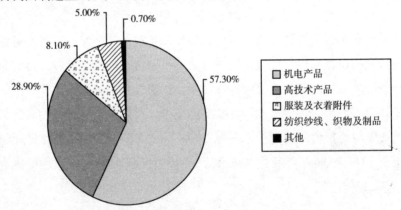

5.00%　0.70%
8.10%
28.90%　　57.30%

☐ 机电产品
▨ 高技术产品
▥ 服装及衣着附件
▨ 纺织纱线、织物及制品
■ 其他

图 4 - 2　2011 年重点出口产品占出口总额的比重

资料来源：中国海关统计数据。

---

① 资料来源 OECD 数据库，中国统计年鉴，美国经济研究局，日本《国民账户 2009》。

表4-1为高技术产品出口占制造业出口比重的国际比较，表4-2为高技术产业增加值占制造业增加值的国际比较。从表4-1和表4-2看出，我国高技术产品出口占制造业出口比重较高，在中、美、日三国中排名第一。但是高技术产业增加值占制造业增加值的比重在各国排名中较低。说明我国高技术产业处于国际价值链的低端环节，生产附加值较低。导致这一状况的原因与我国高技术产品出口的贸易方式有关。我国高技术产品出口以加工贸易为主，2011年加工贸易占中国高技术产业出口额的82.4%。此外，从我国高技术产品出口的主体看，外资企业特别是外商独资企业居多，这也从侧面说明我国高技术产品的核心技术为外方所掌控，我国高技术产品出口的技术结构被夸大，我国与发达国家在先进技术领域的差距较为明显。

表4-1 高技术产品出口占制造业出口比重的国际比较

（2001~2010年）

	2001年	2002年	2003年	2004年	2005年	2006年	2007年	2008年	2009年	2010年
中国	20.6	23.3	27.1	29.8	30.6	30.3	29.7	28.7	31	27.5
美国	32.6	31.8	30.8	30.3	29.9	30.1	27.2	25.9	21.5	19.9
日本	26.6	24.8	24.4	24.1	23	22.1	18.4	17.3	18.8	18

资料来源：世界银行《世界发展指标2012》。

表4-2 为高技术产业增加值占制造业增加值的国际比较

（2001~2007年）

	2001年	2002年	2003年	2004年	2005年	2006年	2007年
中国	9.5	9.9	10.5	10.9	11.5	11.5	12.7
美国	17	17	17.2	17.5	18.1	19.2	19.1
日本	15.9	15.3	16.5	16.9	15.7	16.1	16.2

资料来源：国外数据来自国际经合组织《结构分析数据库2011》。

第四，专利申请数。2011年中国的专利申请数为525412件，美国为689969件，日本为342610件。从专利申请的绝对数来看，中国在三国中排名第二。但是如果考虑国外专利申请数却发现我国的国外专利申请数占比较高，为23%。而美国为13%，日本为16%①。这表明中国的自主创新能力与先进制造业大国差距较大。

2011年中国制造业专利申请数为381182件，其中高技术产业专利申请数为101267件。主要集中在医药制造业、电子及通信设备制造业、医疗器械及仪器仪表制造业，见图4-3。而美国等发达国家的高技术产业的专利申请主要集中在信息产业。说明我国在代表制造业技术最高水平的高技术产业的研发中与发达国家差距较大。

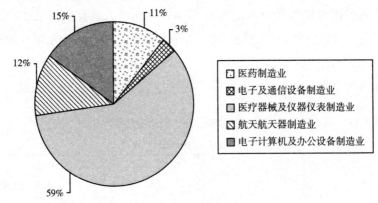

图4-3 主要行业专利申请数占制造业专利申请数的比例

资料来源：中国统计年鉴。

4.1.2 基于主成分分析法的中国制造业分行业技术水平评价

4.1.2.1 制造业技术水平评价指标体系的构建

传统衡量某一行业技术水平的指标主要有两个：一是研究与开发强度，即研究开发投入占销售收入的比重；二是科技人员占全体职工的比重。但是仅以这两个技术创新的投入指标作为衡量行业技术发展水平的标准是不全面、不科学的。

首先，作为发展中的国家，我国的技术进步主要依赖于引进技

① 资料来源：世界五大知识产权局统计报告2011。

术。因此技术创新投入指标中应该包括反映我国技术引进与消化吸收情况的指标。

其次，技术创新投入指标只能反映我国技术投入的情况。技术创新投入的强弱和产出的多少有一定的关联性，但没有绝对的因果关系。因此，技术发展水平的评价指标体系中还应该包括反映技术创新产出的指标，如新产品产值率、单位研发人员申请的专利数等。

再次，行业效益能够反映行业的技术先进性和经济创造力，代表了当前行业的技术发展水平，如全员劳动生产率、利润率等指标。

最后，环境资源保护指标也应该纳入制造业技术水平的评价指标体系中。早在2002年党的十六大就提出走新型工业化的道路，中国的制造业必须以党的十六大规划为依据走高技术、低污染、低能耗的"新型制造业"道路。未来制造业的发展强调生产与生态平衡，发展与环境的和谐。因此制造业生产中的节能减排技术是制造业技术发展水平的重要衡量指标，是未来新型制造业发展的必然要求。

综上所述，制造业技术发展水平的衡量指标不但要考虑技术创新的投入产出指标，更要把环境保护纳入系统的评价体系（见表4-3）中。通过科技指标反映制造业未来的竞争能力，通过环境指标反映制造业的持续发展能力和长期效益。

表4-3　　　　　　　　制造业技术水平评价指标体系

技术创新投入指标	研发强度	技术先进性指标	全员劳动生产率
	人力投入强度		利润率
	技术引进费/消化吸收费	节能环保指标	工业废水排放达标率（取倒数）
技术创新产出指标	新产品产值率		单位产值能耗（取倒数）
	单位研发人员申请的专利数	技术先进性指标	全员劳动生产率

4.1.2.2 分行业制造业技术水平的实证测评

（1）测评方法与数据说明。

由于涉及技术、规模、效益、环保等多项指标，各指标间又有一定的相关性。在将多指标综合折算成单一指标时，传统的专家赋权法带有一定的主观性。因此本章采用主成分分析法作为一种系统评估方法，可以有效解决权重确定时的主观性问题。

样本为 2010 年制造业分行业数据。样本选取中国制造业 29 个行业，去掉了废弃资源和废旧材料回收加工业。所有数据来自《中国统计年鉴》和《中国科技统计年鉴》大中型企业数据库。

（2）数据处理。

首先通过 SPSS 17.0 软件对原始数据进行标准化转换求出相关系数矩阵，并进行 KMO 检验和 Bartlett 检验（见表 4 - 4）。检验结果表明变量之间的相关系数较强，适合做因子分析。

表 4 - 4　　　　　　　　**KMO 和 Bartlett 的检验**

	取样足够度的 Kaiser-Meyer-Olkin 度量。	0.584
Bartlett 的球形度检验	近似卡方	159.701
	df	36
	Sig.	0.000

其次，计算出相关系数矩阵的特征值和特征向量。根据特征值大于 1 的规则，Factor 过程提取 3 个主成分因子。这 3 个主成分因子方差的累积贡献率达 72.699%，说明主成分因子基本包括 9 个指标约 73% 的信息量（见表 4 - 5）。

表 4 – 5　　　　　　　　　　　　解释的总方差

成分	初始特征值			提取平方和载入		成分	初始特征值			提取平方和载入	
	合计	方差的%	累积%	合计	方差的%		合计	方差的%	累积%	合计	方差的%
1	3.328	36.982	36.982	3.328	36.982	6	0.274	3.043	95.938		
2	1.676	18.622	55.604	1.676	18.622	7	0.232	2.573	98.511		
3	1.539	17.095	72.699	1.539	17.095	8	0.105	1.171	99.682		
4	0.971	10.792	83.491			9	0.029	0.318	100.000		
5	0.846	9.405	92.896								

提取方法：主成分分析。

　　再次，得出旋转成分矩阵（见表 4 – 6）。旋转成分矩阵也称因子载荷矩阵，反映的是主成分与原变量的相关关系。从表中可知，主成分 1 与研发强度、人力投入强度指标高度相关。主成分在这些指标上的系数为正，数值都在 0.9 以上。因此主成分 1 可以命名为研发投入指标，主成分 2 主要为单位产值能耗指标，主成分 3 主要反映行业经济效益指标，包括全员劳动生产率和利润率。

表 4 – 6　　　　　　　　　　旋转成分矩阵[a]

	成分				成分		
	1	2	3		1	2	3
研发强度	0.958	0.049	-0.124	全员劳动生产率	0.011	-0.067	0.836
人力投入强度	0.964	0.072	0.073	利润率	0.161	-0.004	-0.710
技术引进费	-0.218	-0.726	-0.159	工业废水排放达标率	0.378	0.301	0.497
新产品产值率	0.897	0.311	-0.061	单位产值能耗	0.198	0.802	-0.013
单位研发人员申请专利数	-0.494	0.660	-0.293				

提取方法：主成分分析法。
旋转法：具有 Kaiser 标准化的正交旋转法。

　　最后，根据表 4 – 6 因子载荷矩阵的数据除以主成分相对应的特征值开平方，得到 3 个主成分中每个指标所对应的系数，根据此系数计算不同产业的主成分 1、2、3 的评估值并分别进行排名（见表 4 - 7、表 4 - 8、表 4 - 9）。然后以每个主成分所对应的特征值占所提取主成分总的特征值之和的比例作为权重计算综合主成分值，按综合主成分值排序得到制造业各行业技术水平的综合排名（见表 4 - 10）。

表 4 - 7 制造业行业按主成分 1 排名

排名	制造业行业	主成分1	排名	制造业行业	主成分1	排名	制造业行业	主成分1
1	医药制造业	1.76543	11	黑色金属冶炼及压延加工业	0.13635	21	食品制造业	- 0.58412
2	专用设备制造业	1.73077	12	印刷业和记录媒介的复制	0.08697	22	石油加工、炼焦及核燃料加工业	- 0.88209
3	交通运输设备制造业	1.71268	13	塑料制品业	- 0.07903	23	工艺品及其他制造业	- 0.88517
4	通用设备制造业	1.26312	14	有色金属冶炼及压延加工业	- 0.10109	24	纺织服装、鞋、帽制造业	- 1.00726
5	通信设备、计算机及其他电子设备制造业	1.22394	15	饮料制造业	- 0.17088	25	农副食品加工业	- 1.02585
6	仪器仪表及文化、办公用机械制造业	1.21655	16	造纸及纸制品业	- 0.18802	26	皮革、毛皮、羽毛（绒）及其制品业	- 1.11318
7	电气机械及器材制造业	1.15273	17	烟草制造业	- 0.22644	27	木材加工及木、竹、藤、棕、草制品业	- 1.29623
8	橡胶制品业	0.65518	18	纺织业	- 0.33225	28	文教体育用品制造业	- 1.37372
9	化学纤维制造业	0.46829	19	金属制品业	- 0.34686	29	家具制造业	- 1.698
10	化学原料及化学制品制造业	0.3673	20	非金属矿物制品业	- 0.46912			

表 4 - 8 制造业行业按主成分 2 排名

排名	制造业行业	主成分2	排名	制造业行业	主成分2	排名	制造业行业	主成分2
1	家具制造业	2.04251	11	木材加工及木、竹、藤、棕、草制品业	0.01004	21	农副食品加工业	- 0.60093
2	烟草制造业	1.97008	12	通用设备制造业	- 0.07142	22	工艺品及其他制造业	- 0.60564

续表

排名	制造业行业	主成分2	排名	制造业行业	主成分2	排名	制造业行业	主成分2
3	通信设备、计算机及其他电子设备制造业	1.82864	13	化学纤维制造业	-0.19582	23	黑色金属冶炼及压延加工业	-0.68939
4	文教体育用品制造业	1.76949	14	食品制造业	-0.20835	24	有色金属冶炼及压延加工业	-0.69916
5	仪器仪表及文化、办公用机械制造业	1.04641	15	金属制品业	-0.27278	25	医药制造业	-0.75694
6	电气机械及器材制造业	1.00402	16	橡胶制品业	-0.29348	26	非金属矿物制品业	-0.96597
7	交通运输设备制造业	0.79146	17	纺织业	-0.30176	27	石油加工、炼焦及核燃料加工业	-1.0942
8	皮革、毛皮、羽毛（绒）及其制品业	0.48695	18	造纸及纸制品业	-0.31348	28	塑料制品业	-1.36576
9	纺织服装、鞋、帽制造业	0.26172	19	化学原料及化学制品制造业	-0.51094	29	印刷业和记录媒介的复制	-1.79148
10	专用设备制造业	0.04298	20	饮料制造业	-0.51682			

表 4-9　　　　　制造业行业按主成分 3 排名

排名	制造业行业	主成分3	排名	制造业行业	主成分3	排名	制造业行业	主成分3
1	石油加工、炼焦及核燃料加工业	3.74938	11	仪器仪表及文化、办公用机械制造业	0.02907	21	电气机械及器材制造业	-0.4645
2	黑色金属冶炼及压延加工业	1.69902	12	金属制品业	-0.14174	22	塑料制品业	-0.48542
3	烟草制造业	1.07499	13	交通运输设备制造业	-0.14259	23	食品制造业	-0.77777

续表

排名	制造业行业	主成分3	排名	制造业行业	主成分3	排名	制造业行业	主成分3
4	有色金属冶炼及压延加工业	0.87587	14	农副食品加工业	-0.16354	24	皮革、毛皮、羽毛（绒）及其制品业	-0.82169
5	通信设备、计算机及其他电子设备制造业	0.72725	15	通用设备制造业	-0.20427	25	医药制造业	-0.93876
6	橡胶制品业	0.57749	16	家具制造业	-0.29639	26	木材加工及木、竹、藤、棕、草制品业	-0.96959
7	化学纤维制造业	0.50155	17	工艺品及其他制造业	-0.30075	27	非金属矿物制品业	-0.97769
8	化学原料及化学制品制造业	0.48202	18	文教体育用品制造业	-0.33162	28	印刷业和记录媒介的复制	-1.09316
9	造纸及纸制品业	0.2757	19	专用设备制造业	-0.38143	29	饮料制造业	-1.11631
10	纺织业	0.07464	20	纺织服装、鞋、帽制造业	-0.45979			

表 4 - 10　　　　制造业各行业技术水平综合排名

排名	制造业行业	综合值	排名	制造业行业	综合值	排名	制造业行业	综合值
1	通信设备、计算机及其他电子设备制造业	1.262039454	11	黑色金属冶炼及压延加工业	0.292293773	21	塑料制品业	-0.504190259
2	交通运输设备制造业	1.040444625	12	化学原料及化学制品制造业	0.169313246	22	食品制造业	-0.533402173
3	仪器仪表及文化、办公用机械制造业	0.893734752	13	石油加工、炼焦及核燃料加工业	0.152658507	23	纺织服装、鞋、帽制造业	-0.553471759
4	专用设备制造业	0.80175961	14	有色金属冶炼及压延加工业	-0.024556637	24	皮革、毛皮、羽毛（绒）及其制品业	-0.63476021

续表

排名	制造业行业	综合值	排名	制造业行业	综合值	排名	制造业行业	综合值
5	电气机械及器材制造业	0.734349236	15	造纸及纸制品业	-0.111113999	25	印刷业和记录媒介的复制	-0.671703934
6	烟草制造业	0.642231653	16	纺织业	-0.228760556	26	工艺品及其他制造业	-0.676142637
7	通用设备制造业	0.576221086	17	金属制品业	-0.279650702	27	农副食品加工业	-0.71423542
8	医药制造业	0.48343501	18	文教体育用品制造业	-0.323532741	28	非金属矿物制品业	-0.71597834
9	橡胶制品业	0.393910196	19	家具制造业	-0.410275094	29	木材加工及木、竹、藤、棕、草制品业	-0.884817584
10	化学纤维制造业	0.305997918	20	饮料制造业	-0.481809197			

（3）测评结果分析。

第一，传统评价指标所评价出的高技术产业，其技术效率较低，行业创造力差，技术投入与产出不成比例。

根据表 4-10，在制造业各行业技术水平的综合排名中，排在前 5 位的产业为：通信设备、计算机及其他电子设备制造业，交通运输设备制造业，仪器仪表及文化、办公用机械制造业，专用设备制造业，电气机械及器材制造业。然而在表 4-9 中，这 5 个行业的排名次序依次为 5、13、11、19、21。这说明在我国传统评价体系中，被评价为技术水平高的产业，其经济效益指标并不高。

第二，我国制造业中的支柱产业不但技术水平低，而且在生产中能耗较大、污染严重。

表 4-9 结果显示，按照行业经济效益的指标排名，排在前列的产业有石油加工、炼焦及核燃料加工业，金属冶炼及压延加工业，通信设备、计算机及其他电子设备制造业，化学、造纸、纺织业等。这些支柱产业主要是重工业。

表 4 – 10 表明，除通信设备、计算机及其他电子设备制造业外，上述支柱产业的技术含量处于中等偏差的水平，基本在 10 ~ 20 名之间。

而表 4 – 8 表明，按照单位产值能耗排名，上述支柱产业的单位能耗普遍较高。其中石油加工、炼焦及核燃料加工业排名 27，金属冶炼排名 23，化学原料及制品业排名 19，造纸、纺织业排名分别为 18、17。

尽管我国制造业的研发投入不断增加，技术水平不断提升。但是与发达国家相比，我国制造业的研发投入较少，技术水平相对落后。这一客观现实导致我国制造业内许多关键设备和零部件仍然需要进口，相关支柱产业普遍存在低附加值、高耗能、重污染等问题。

4.2　FDI、国际技术溢出与中国制造业行业内升级的实证分析

4.2.1　计量模型的设定及主要变量测算的公式选择

4.2.1.1　计量模型的设定

根据知识驱动型内生增长理论，一国的技术进步与此国的知识资本（S）有关。在开放条件下，一国的技术进步不仅依赖于本国的研发资本存量（S^d），而且依赖于国外的研发资本存量（S^f）。海外国家的研发资本通过贸易、投资、外国专利申请渠道扩散到技术吸收国。即 $TC = (S^d)^A (S^f (IM, EX, FDI, OFDI, FPT))^B$。由于行业层面外国专利申请数很难获取，因此根据数据的可获性以及中国对外经济贸易的实际情况，本书只研究进口贸易渠道和外商直接投资渠道的国际技术溢出，且只研究行业内的国际技术溢出。上式可以进一步简化为：

$$TC = (S^d)^A (S^f (IM, FDI))^B \qquad (4-1)$$

因此计量模型最终设定为：

$$\ln TC_{pt} = \alpha_0 + \alpha_1 \ln S_{pt}^{IM} + \alpha_2 \ln S_{pt}^{FDI} + \alpha_3 \ln S_{pt}^D + \xi_t \qquad (4-2)$$

其中，TC_{pt} 表示 t 时期 p 行业的技术进步指标，S_{pt}^{IM} 表示 t 时期 p 行业通过贸易渠道的国外研发资本存量，S_{pt}^{FDI} 表示 t 时期 p 行业通过外商直接投资渠道的国外研发资本存量，S_{pt}^D 表示 t 时期 p 行业国内研发资本存量。

本模型用技术进步指标作为行业内升级的代理变量，以国内研发资本存量和贸易渠道的研发资本存量作为控制变量。通过回归分析间接估算 FDI 渠道的国际技术溢出对我国制造业产业内升级的效应。

4.2.1.2　技术进步指数测算的模型选择

前沿生产函数法是测算产业效率成熟而有效的方法。此方法基于微观层面的前沿生产函数，通过估算产出缺口来判断产业效率。前沿生产函数法在实证中有两类：一是非参数数据包络分析（DEA）；二是随机前沿分析（SFA）。本书采用基于 DEA 方法的 Malmquist-DEA 方法。采用此方法的主要理由为：此方法无须设定具体的函数形式，适合于多要素投入和多产出情况，取消了规模收益不变的假定。此外，运用 Malmquist-DEA 方法的另一大优点是计算出的全要素生产率指数可以进一步分解为技术效率指数（TE）和技术进步指数（TC）。许多实证研究的文献中都是用全要素生产率来代表技术进步率，本书没有直接采用全要素生产率而是用其中分解出的技术进步指数。笔者认为技术进步指数剔除了规模变动及劳动生产率提高对经济的影响外，能够反映不同时期生产前沿在产出方面的移动，真正代表经济体或行业技术进步的情况。

4.2.1.3　国外研发资本存量的不同设定形式

在 Coe 和 Helpman（1995）的论文中开创性地提出将国外资本存

量定义为 i 国的贸易伙伴的国内资本存量的加权和，权重取值为 i 国与其贸易伙伴的双边进口份额。我们称其为 CH 法。

$$S_i^{f-CH} = \sum_{j \neq i} \frac{M_{ij}}{M_i} S_j^d \qquad\qquad (4-3)$$

其中，M_{ij} 代表国家 i 的来自国家 j 的双边总进口，M_i 是国家 i 来自其余所有国家的总进口。

F. Lichtenberg 和 Pottlesberghe de la Potterie BV（1998）指出 CH 法存在总量偏误问题，于是提出了 LP 法。LP 法不但反映国际技术溢出的流向也反映国际技术溢出的强度，能够比较理想地克服总量偏误问题。计算公式为：

$$S_i^{f-LP} = \sum_{j \neq i} \frac{M_{ij}}{y_j} S_j^d \qquad\qquad (4-4)$$

其中 y_j 为国家 j 的 GDP。

以上国外研发资本存量的设定形式都是以进口贸易作为溢出渠道的。然而除了贸易渠道之外还有 FDI 渠道。Hejazi 和 Safarian（1999）在设定 FDI 渠道获得的国外研发资本存量上与 CH 方法相似，用一国 FDI 来源国的国内研发资本存量的双边 FDI 份额的加权和表示。

$$S_i^{ff} = \sum_{j \neq i} \frac{f_{ij}}{f_i} S_j^d \qquad\qquad (4-5)$$

其中，f_{ij} 是国家 j 流入国家 i 的 FDI，f_i 是流入 i 国的总的 FDI。

F. Lichtenberg 和 Pottlesberghe de la Potterie BV 的文献中把以 FDI 渠道获得的国外研发资本存量设定为：

$$S_i^{ff} = \sum_{j \neq i} \frac{f_{ij}}{K_j} S_j^d \qquad\qquad (4-6)$$

其中，f_{ij} 是国家 j 流入国家 i 的 FDI，K_j 是国家 j 的固定资本形成总额。

Savvides 和 Zachariadis（2003）仿效 LP 法用来自国家 j 的 FDI 与 FDI 来源国的 GDP 比率作为权数计算投资渠道的国外研发资本存量。

根据变量设定的科学性以及数据的可获性，本书选用 LP 法来设定贸易和投资渠道的国外研发资本存量。即：

$$S_i^{IM} = \sum_{j \neq i} \frac{M_{ij}}{y_j} S_j^d \qquad (4-7)$$

$$S_i^{FDI} = \sum_{j \neq i} \frac{f_{ij}}{y_j} S_j^d \qquad (4-8)$$

其中，M_{ij} 代表国家 i 的来自国家 j 的双边总进口，f_{ij} 是国家 j 流入国家 i 的 FDI，y_j 为国家 j 的 GDP。

4.2.1.4　行业层面的国外研发资本存量的公式设定

模型中的 S_{ip}^{IM} 以及 S_{ip}^{FDI} 表示 i 国 p 行业通过进口贸易和内向 FDI 渠道的国外研发资本存量，根据式（4-7）和式（4-8），如果知道国外 p 行业的研发资本存量的数据就可以直接求出 S_{ip}^{IM} 和 S_{ip}^{FDI}。然而现实情况是国外 p 行业的研发资本存量数据没有权威的官方统计，所以本章先根据式（4-7）、式（4-8）分别求出 i 国所有行业贸易和投资渠道的国外研发资本存量。然后以 i 国 p 行业的进口额（M_{ip}）占 i 国制造业进口总额（M_i）的比值作为系数计算 S_{ip}^{IM}，同理用 i 国 p 行业吸收的 FDI（f_{ip}）占 i 国制造业 FDI 总额（f_i）的比值求出 S_{ip}^{FDI}。公式为：

$$S_{ip}^{IM} = \frac{M_{ip}}{M_i} * \sum \frac{M_{ij}}{y_j} S_j^d \qquad (4-9)$$

$$S_{ip}^{FDI} = \frac{f_{ip}}{f_i} * \sum \frac{f_{ij}}{y_j} S_j^d \qquad (4-10)$$

4.2.2　数据来源及数据分析

《国民经济行业分类》（2002）标准中将制造业分为 30 个行业。本章选取其中的 28 个行业，去掉废弃资源和废旧材料回收加工业、

工艺品及其他制造业这两个行业。然后比照国际标准产业分类（ISIC
Rev3.0）以及 OECD 数据库中的行业分类标准，对中国制造业的 28
个行业进行归类，一共归为 13 大类。并借鉴 OECD 划分高技术产业
的标准，以研发投入占产值的比重将制造业的 13 个行业分为三类：
劳动密集型行业，资本密集型行业，技术密集型行业（见附录：表
1）。去掉上述两个行业的原因是 OECD 的数据库中没有对这两个行
业的专门分类，因此无法与我国的工业行业分类标准相对应。

4.2.2.1　技术进步指数测算的数据来源及数据分析

以 Malmquist-DEA 方法为基础，本书使用 Onfront2.0 软件可以分
别计算出 13 类制造行业的技术进步指数。在计算技术进步指数时，
投入指标选取劳动投入、固定资产净值年平均余额 2 项指标，产出指
标选取工业总产值。以上数据从中国统计年鉴大中型企业数据库获
取。由于用此方法算出的技术进步指数都是相对于上一年度的变化
率，因此本书将技术进步指数转化为以 2001 年为基期的技术进步指
数（见表4－11、图4－4）。

表 4－11　　　　2001～2011 年制造业各行业参数平均值

	行业	TC	K（亿元）	L（人）	P（亿元）
劳动密集型行业	食品、饮料和烟草制造业	1.1222	2066.6726	272.6191	8829.0630
	纺织业、鞋、皮革制品	1.1354	1791.6180	568.3145	7240.7525
	木材及家具制造	1.1308	233.7749	62.2064	897.8792
	造纸、印刷及文教体育用品	1.1517	1073.6887	92.1455	1973.3047
	橡胶及塑料制品业	1.1354	715.0607	264.5564	2430.1670

续表

	行业	TC	K（亿元）	L（人）	P（亿元）
资本密集型行业	石油加工、炼焦及核燃料加工业	1.1722	1719.8946	63.4464	7004.5248
	化学制品及化学纤维制品	1.1602	3423.2002	239.7155	8110.3163
	非金属矿物制品业	1.1183	1646.3761	234.7455	3254.3834
	金属及加工制品业	1.1691	6216.6296	383.5455	17800.7311
技术密集型行业	医药制造业	1.1222	618.4004	86.5027	1986.1776
	通用设备制造业	1.1216	963.4110	142.0973	4190.0016
	专用设备及各种机械设备制造业	1.1158	4304.2648	770.1755	25137.4622
	交通运输设备制造业	1.1342	2314.0912	242.4455	10288.8323

注：TC 表示技术进步指数，L 表示各行业劳动投入，K 表示固定资产净值，P 表示总产值。

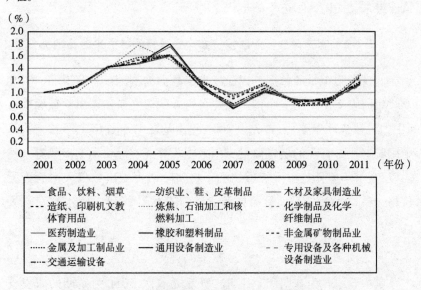

图 4-4　制造业各行业技术进步指数变化

从表 4-11 中可以看出，制造业各行业的年均技术进步率均保持在 11% 以上。技术进步最快的行业为石油加工、炼焦及核燃料加工业，而技术进步率最慢的行业为专用设备及各种机械设备制造业。从行业类别看，资本密集型行业的平均技术进步率较快，其次为劳动密集型行业，而技术密集型行业的技术进步率最慢。未来制造业领域的国际竞争力主要体现为高端制造业的技术优势，上述结果说明中国在技术密集型行业特别是先进制造业的发展上步伐缓慢。因此，中国制造业应重点加快推动技术密集型行业的发展，实现技术密集型行业特别是高端先进制造业的技术进步。

图4-4为制造业各行业技术进步变化趋势，从图中可知各行业的变化趋势及波动幅度基本相同。大体可以分为三个阶段：第一阶段2001~2005年制造业各行业的技术进步率增长较快；第二阶段2005~2008年技术进步率大幅下降；第三阶段2008年后技术进步率相对较低，且比较平稳，2010年后开始有企稳回升的迹象。这一走势反映出经济危机后，市场信心逐渐恢复，制造业企业开始加大投资从而带来行业内技术进步的加快。

4.2.2.2　制造业分行业研发资本存量计算的数据来源及数据分析

研发资本存量的数据是以研发支出数据为基础计算获得的，因此要收集研发支出数据。中国制造业各行业的名义研发支出的数据来自《中国科技统计年鉴》。首先以2001年为基期用各国GDP平减指数将中国制造业各行业的名义研发支出数据折算成实际研发支出数据。然后以2001年美元兑各国货币的汇率将实际研发支出数据表示为美元价格，单位为万美元。最后按照永续盘存法计算研发资本存量。公式为：

$$S_0 = I_0 / (\delta + g), S_t = I_{t-1} + (1 - \delta) S_{t-1} \qquad (4-11)$$

其中S_0、S_t为基期和t时期的研发资本存量，I_0为基期的研发支出，δ为折旧率我们假定中国为10%，其他研发国为5%。g为平均的研发支出增长率，用基期后五年的研发支出增长率的平均值表示。根据上述公式可以求出中国制造业各行业的研发资本存量。如图4-5所示，各行业的研发投入逐年平稳递增，特别是专业设备及各种机械设备制造业的研发投入的平均值及增长速度远高于其他制造行业。其次为交通运输制造业、金属及加工制品业。

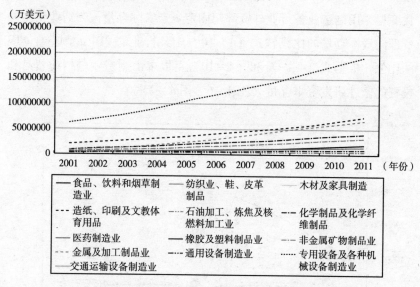

图4-5　制造业各行业的国内研发存量

4.2.2.3　行业层面贸易、投资渠道的国外研发资本存量计算的数据来源及数据分析

根据中国进口贸易和外商直接投资的国别（地区）分布，选取进口贸易伙伴为：美国、日本、俄罗斯、韩国、德国、中国台湾、新加坡；主要的对华投资国家和地区为：中国台湾、日本、新加坡、韩国、德国、法国、美国和荷兰。以上各国（地区）的研发支出数据来自《中国科技统计年鉴》。以上各国（地区）研发资本存量的计算方法和公式与中国制造业的研发资本存量的计算方法和公式相同，唯一不同点是折旧率δ取值为5%而非10%。

主要贸易、投资伙伴对中国的出口贸易和FDI数据来自中国统计年鉴，各国（地区）GDP和汇率的数据由联合国统计署数据库获取。将相关数据代入式（4-7）、式（4-8）求出贸易和投资渠道的国外研发资本存量。

中国制造业分行业的进口额和中国制造业进口总额来自 OECD 数据库。由于查找不到中国制造业各行业的 FDI 数据，因此本书采用替代变量，用制造业各行业外资部门固定资产实际存量占制造业整体外资部门资本存量的比代替式（4－10）中各行业的 FDI 占制造业 FDI 的比值。根据式（4-9）和（4-10）可以求出制造业分行业贸易和投资的国外研发资本存量（图 4－6、图 4-7）。

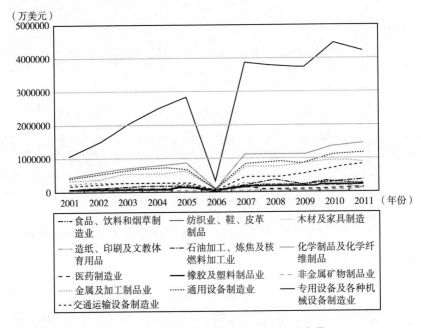

（万美元）

图例		
---- 食品、饮料和烟草制造业	—— 纺织业、鞋、皮革制品	—— 木材及家具制造
—— 造纸、印刷及文教体育用品	--- 石油加工、炼焦及核燃料加工业	—— 化学制品及化学纤维制品
-- 医药制造业	—— 橡胶及塑料制品业	--- 非金属矿物制品业
···· 金属及加工制品业	···· 通用设备制造业	—— 专用设备及各种机械设备制造
--- 交通运输设备制造业		

图 4－6　行业层面贸易渠道的国外研发存量

贸易渠道的国外研发资本存量除 2006 年以外，基本上呈现出稳步递增的趋势，而投资渠道的国外研发资本存量则呈现出缓慢递减的态势。且各行业贸易渠道的国外研发资本存量略高于投资渠道的研发资本存量，由此我们可以推断贸易渠道的国际技术溢出对制造业技术进步的影响高于直接投资渠道的国际技术溢出对制造业技术进步的影响。

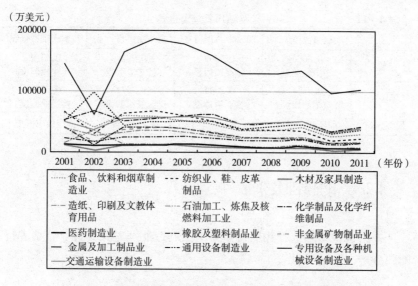

图 4 – 7　行业层面外商直接投资渠道的国外研发存量

4.2.3　检验和模型的选择

本书样本数据为 2001 ~ 2011 年 13 个行业的数据。通过计量模型的回归结果分析比较国际技术溢出对制造业整体、劳动密集型行业、资本密集型行业、技术密集型行业技术进步的影响程度。

对于面板数据的回归分析，首先要选择合适的模型。在 Stata 10.0 中通过各种检验来进行固定效应、随机效应、混合效应的模型选择。F 检验中如 P 值大于 0.05，接受原假设，在固定效应和混合效应模型中选择混合效应，LM 检验中如 P 值大于 0.05，接受"不存在个体随机效应的原假设"，在混合效应和随机效应中选择前者，而随机效应模型和固定效应模型通过 Hausman 检验进行选择。通过上述检验，本章中的模型选择结果见表 4 – 12。

表 4 – 12　　　　　　　　　　检验结果及模型选择

	制造业整体	劳动密集型行业	资本密集型行业	技术密集型行业
F 检验	0.0000 （拒绝原假设）	0.5049 （接受原假设）	0.2774 （接受原假设）	0.0219 （拒绝原假设）
LM 检验	0.7835 （接受原假设）	0.2845 （接受原假设）	0.4374 （接受原假设）	0.7679 （接受原假设）
模型选择	固定效应模型	混合回归模型	混合回归模型	固定效应模型

4.2.4　计量结果及分析

根据检验结果选择相应模型对中国制造业及三大类行业分别进行回归分析，其结果见表 4 – 13。

表 4 – 13　　　　　　　　　　回归结果

lnTC	制造业整体	劳动密集型行业	资本密集型行业	技术密集型行业
$\ln S^{IM}$	0.126 *** (6.79)	0.144 *** (5.81)	0.592 ** (2.49)	0.116 *** (3.62)
$\ln S_{ipt}^{FDI}$	0.092 * (1.9)	0.064 ** (1.92)	0.438 * (0.93)	0.017 * (1.50)
$\ln S_{ipt}^{D}$	– 0.167 *** (– 4.32)	– 0.194 *** (– 4.77)	– 0.096 ** (– 2.27)	– 0.204 *** (– 2.91)
_ cons	0.301 (0.31)	0.741 ** (1.81)	0.438 (0.77)	0.333 *** (0.18)
r^2	0.310	0.387	0.148	0.315
r^2 _ a	0.229	0.351	0.085	0.203

注：legend：* $p < 0.1$；** $p < 0.05$；*** $p < 0.01$

从整体看，进口贸易、投资渠道的国外研发资本存量和中国制造业技术进步指数同方向变动，表明国际技术溢出能够促进中国制造业行业内的产业升级。其中 FDI 渠道的国际技术溢出系数为 0.092，进口贸易渠道的国际技术溢出系数为 0.126。说明 FDI 渠道的国际技术溢出效果小于进口贸易渠道的国际技术溢出效果。这一结论与前面的数据分析结果相吻合。但是本土研发与技术进步两者之间呈反方向变动。本书实证的结论与国内学者李小平、朱钟棣（2006）的结论一致，但与 Keller（2002）对 OECD 国家（地区）的研究结论相反。对不同实证结论出现的矛盾，相关解释可以概括为几个方面：行业内研发资本使用效率较低；高科技行业步入调整期；完善的市场机制尚未建立，竞争加剧，生产效率下降；非效率国有企业存在预算软约束等。

从三大类行业看，国际技术溢出与中国制造业各行业的技术进步之间均存在着正向的关联关系。国际技术溢出效果从低到高排序依次为技术密集型行业、劳动密集型行业、资本密集型行业。这一结论恰恰与前面各行业技术进步率的情况相对应。在前面对技术进步指数进行了测算，资本密集型行业的技术进步率最快，然后是劳动密集型行业，技术密集型行业排在最后。

理论分析表明，由于具备高技术含量的特点，技术密集型行业更容易形成技术势差，从而应该有利于技术的溢出。但是为什么现实中我国制造业中的技术密集型行业的溢出效果反而并不理想呢？笔者认为技术的溢出不仅取决于技术差距，而且与技术吸收方的吸收能力有较大关系。实证的结果表明，我国的国内研发水平较低，研发投入较少，这必将在很大程度上限制对先进技术的消化和吸收。另外，第 3 章的分析也显示中国处于技术密集型行业的劳动密集型环节，参与分工的层次较低也是导致我国技术密集型行业技术溢出效果不太理想的原因之一。

4.3　本章小结

首先，本章通过制造业自身的纵向比较以及与世界发达国家制造业的横向比较，说明我国制造业处于不断的技术升级过程中，但是与发达国家制造业的差距还是非常明显。

其次，采用主成分分析方法，通过构建新型制造业的技术水平评价指标体系，对制造业各行业的技术水平进行测算。测评结果显示，传统评价指标所评价出的高技术产业，其技术效率较低，行业创造力差，技术投入与产出不成比例；按照新型评价指标体系排名，我国制造业中的支柱产业不但技术水平低而且在生产中能耗较大、污染严重。

最后，本章的研究重点就是要寻找制造业行业内的升级与 FDI 渠道技术溢出的关系。实证分析结果表明 FDI 渠道的技术溢出能够促进制造业的产业内升级，但是 FDI 渠道的技术溢出效果小于国际贸易渠道技术溢出的效果。从行业内部看，不同类型行业技术溢出的效果存在差异性。三大行业技术溢出效果从大到小依次为：资本密集型行业、劳动密集型行业、技术密集型行业。

第5章　FDI、国际技术溢出与中国制造业行业间升级的关联效应

从行业的层面看，制造业行业间升级等同于制造业内部的产业结构升级。FDI 对一国制造业产业结构升级的影响是通过资本效应和技术进步效应实现的。资本效应是指 FDI 进入带来的资本要素直接改变制造业内不同行业的要素投入数量，从而使制造业的产业结构发生变动，因此属于直接效应。技术进步效应是指 FDI 带来的技术溢出，导致不同行业技术进步的差异，从而引起要素的跨部门流动，并最终导致制造业产业结构的变动。这一传导机制属于间接效应。技术进步效应对产业结构升级的影响能够反映出一国利用外资的质量。因为此机制体现出不同行业技术进步的程度，反映一国不同行业技术水平在国际竞争中的地位。当一国资本、技术密集型行业的技术水平不断提高时，必然带来此行业劳动效率的增长，竞争力的增强，从而带动资本技术密集型行业产值的增长，产业结构不断优化。

本章将对制造业产业结构升级的现状和问题进行分析，在此基础上通过实证分析研究外商直接投资的技术溢出对中国制造业产业结构升级的间接影响，以期可以更好地了解我国利用外资的效果。

5.1 中国制造业行业间升级过程的关联因素及问题

5.1.1 中国制造业行业间升级的阶段性变化

新中国成立至今，在国家改革开放的宏观政策指引下，中国的产业结构在调整变化中不断升级。由传统的农业国逐步走上工业化国家的发展道路。作为产业升级主体的制造业，其内部各行业的发展变化，也表现出向高加工度和技术集约化的方向发展。

5.1.1.1 改革开放前制造业产业发展情况（1949~1980年）

新中国成立初期，我国制造业的发展非常落后，现代意义的工业体系尚未形成。为了突破帝国主义的封锁，增强我国的国防实力，国家确立了优先发展重工业的经济发展战略。因此，"一五"期间我国建立起了电力、钢铁、机械、化学等重工业，以上行业成为我国现代化工业体系的基础。

随后，在全国掀起的"大跃进"运动的浪潮中，我国开始了加快工业化的进程，在制造业内部集中发展钢铁工业。然而急功近利的做法并未取得理想的结果，反而使我国制造业技术水平停滞不前，造成轻重工业严重失衡的尴尬局面。

到了 20 世纪 60 年代，随着中国与周边国家关系的不断恶化，我国从备战的角度开始工业布局。基本建立了包括轻、重工业的门类齐全的制造业各部门。

这一阶段可以说是中国制造业建立完备部门体系的布局时期。在封闭状态下，在政府计划指令的调控下，在备战思想的指导下，中国依靠自身在农业发展的积累和对消费需求的缩减，通过高积累、高投资的发展模式，基本完成了以军事工业、重工业为主的制造业体系的建立。然而这一阶段消费品制造业发展缓慢，轻重工业发展失衡的矛盾异常尖锐，1952～1978 年，我国重工业产值增长了 27.78 倍，而轻工业只增长了 9.68 倍[①]。

5.1.1.2　改革开放到中国加入世贸组织阶段制造业的产业变动 (1981～2000 年)

与改革开放前的制造业相比，重工业的发展速度相对减慢，而轻工业呈现出加速发展的局面。这一阶段制造业产业发展又表现出新的特点：1980～1984 年，为满足人们基本的生活需求，以农产品为原料的轻工业开始迅速发展，增幅较大。如 1981 年纺织业基本建设投资额 19.86 亿元，远高于日用化学、日用金属等行业的基本建设投资

---

① 参见《中国统计年鉴（1981）》，中国统计出版社 1981 年版，第 18 页。

额。1985～1990 年，文化体育、化学药品、合成纤维、日用化学、日用金属、医疗器材、文化办公用品等非农轻工行业又超越以农产品为原料的轻工业的发展速度，成为整个制造业快速增长的主要驱动。20 世纪 90 年代后随着轻、重工业协调发展，我国制造业内部轻重工业失衡的问题基本解决。消费品市场由卖方市场转为买方市场，人民生活类消费品基本满足①。

5.1.1.3　加入世贸组织后制造业内部产业变动情况（2001 年至今）

加入世贸组织后，中国制造业的行业结构发生了较大变化，劳动和资本要素不断向技术密集型行业流动导致技术含量较高的制造行业发展迅猛。根据中国统计局数据显示：加入世贸组织后发展最快的 4 个行业分别为电气机械及器材制造业，通信设备、计算机及其他电子设备制造业，交通运输设备制造业，黑色金属冶炼及加工业。以 2001 年为基期计算，2011 年电气机械及器材制造业产值增长了 8.1 倍，通信设备、计算机及其他电子设备制造业产值增长了 6.32 倍，交通运输设备制造业增长了 7.75 倍，黑色金属冶炼及加工业增长了 8.7 倍。2011 年，产值居前四位的这四大行业占制造业总产值的比重达 41.69%。与此同时，食品、饮料、烟草制造及纺织、服装、制鞋等劳动密集型行业的产值占制造业总产值的比重不断下降。如纺织业从 2001 年的 5.3%下降到 3.8%。从上述数据的变动趋势可以看出，随着我国制造业技术水平的提高和积累，我国制造业内部正在不断地从劳动密集型行业向资本、技术密集型行业升级。

---

① 非农轻工业、农轻工业、重工业划分标准见《中国统计年鉴》（1987）。

5.1.2　中国制造业行业间升级的特点

5.1.2.1　制造业行业间升级符合工业升级的基本规律

一国工业化的过程表现为工业升级的过程。作为工业主体的制造业，其升级过程应遵循工业升级的基本规律。根据各国的工业发展史，工业升级的基本路径可以概括为"轻工业化——重工业化——高加工度化——技术集约化"。即在工业化初期首先发展轻工业，然后发展以原材料为中心的重工业，再发展加工、组装业，最后随着技术水平的不断提高，技术密集型行业成为支柱产业。工业升级表现出从劳动密集型行业向资本、技术密集型行业，从低附加值行业向高附加值行业，从低技术行业向高技术行业不断升级的运动规律。

从中国制造业产业发展、变动的历史轨迹可以看出，中国制造业行业间升级符合工业升级的基本规律。改革开放以前，由于我国宏观政策的作用，制造业进入以重工业为主的畸形发展路径。20 世纪 80 年代后，像大多数发达国家的工业化进程一样，中国开始加快轻工业发展，轻重工业的比例发生了明显变化，从 1978 年的 43.1∶56.9 变为 1981 年的 51.5∶48.5①。随后，中国在加入世界贸易组织的良好国际环境中充分利用自身的优势参与到全球的生产体系中，借助全球产业转移实现自身的产业升级，大力发展加工贸易，并逐渐进入后工业化时代，开始发展以资金、技术密集型为主的装备制造业。

5.1.2.2　FDI 对中国制造业行业间升级有一定的影响

伴随着我国对外开放战略的实施，中国利用自身丰富劳动力要素的比较优势，主要通过制造业内的加工贸易嵌入全球的价值链中。开放初期外商我国直接投资数额较少，1980 年中国实际利用外商直接

---

① 参见《中国统计年鉴（1996）》，中国统计出版社 1996 年版，第 75 页。

投资 17.67 亿美元。外商投资主要集中在制造业中的纺织、服装等行业。且主要集中在东南沿海及经济特区，FDI 对我国制造业内产业发展影响并不显著。

进入 20 世纪 90 年代外商投资迅猛增加，1992 年外商我国直接投资项目 48764 个，金额 581.24 亿美元，是 1980 年的 32 倍。2000年外资企业进出口额占全国进出口总额的 49.9%，外资企业逐渐成为我国参与全球分工的主体。这一阶段外商投资主要进入资本密集型行业如机电行业，外资的进入导致我国机电行业发展迅速。外贸顺差的 70% 是由机电产品实现的，1994 年后机电产品成为我国的第一大类出口产品。外商投资的产业布局开始逐渐对制造业的产业升级产生影响。

加入世界贸易组织后，中国对外贸易快速发展，中国参与全球化的程度日益深化。中国已经名副其实地成为世界"加工工厂"。外商直接投资大举进入制造业中的资本和技术密集型行业。如化学原料及化学制品制造业，通信设备、计算机及其他电子设备制造业，通用设备制造业，电气机械及器材制造业，交通运输设备制造业等资本和技术密集型行业。这几大行业占到外商直接投资的 50% 以上。这些行业不仅占制造业进出口总额的 40% 以上，而且已经成为制造业中的支柱产业。特别是计算机及电子制造业加入世贸组织后其产值一直占制造业产值的 20% 以上，其外商直接投资的变动与其产值的变动趋势基本一致（见图 5－1）。

综上所述，FDI 的行业分布与制造业行业的发展之间存在一定的关联关系，说明 FDI 的确起到了促进制造业产业升级的催化作用。外商直接投资在一定程度上促进我国制造业产业结构从劳动密集向资本密集和技术密集的方向发展。

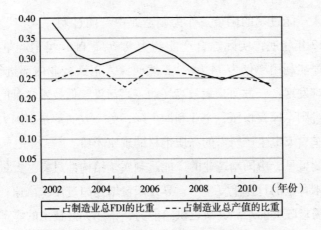

图 5−1　通信、计算机及其他电子设备制造业

5.1.3　中国制造业行业间升级的问题

尽管中国制造业内各行业取得了长足进步，不断朝着高度化、集约化的方向发展，但是仍然存在许多问题。只有正确认识到这些问题，才能有助于今后制造业产业的快速发展。

5.1.3.1　制造业产业结构不合理

我国制造业内部存在结构性过剩问题。所谓"结构性过剩"是相对于总量过剩而言的，它是指产品供给结构与市场需求结构的不协调。

2008 年金融危机后，为刺激经济的增长，中国政府出台了"四万亿"的投资政策。这一政策带来制造业投资的高速增长，使制造业内各行业产能过剩问题十分突出。根据工信部的统计数据，2012年我国制造业的平均产能利用率只有 60% 左右，远远落后于美国（78.9%）及全球制造业的平均利用率（71.6%）。

制造业中不但在传统行业钢铁、有色金属、化工、建材等产能过剩，企业生存压力加大，而且许多新兴行业如风电设备制造、光伏产业也陷入产能过剩的困境。作为制造业中产能过剩"大户"钢铁行业，2012 年年底，实际综合产能约为 9.76 亿吨，粗钢产量为 7.31 亿吨，产能利用率仅为 74.9%①。然而深入钢铁行业内部进行分析，我们不难发现：一方面是大量高耗能、高污染、低技术含量的钢铁产品产量过剩，库存积压，企业利润下降；另一方面却是中国大量进口用于汽车、家电生产所需的高质钢材的现实矛盾。

由此可见，中国制造业的产能过剩属于结构性过剩。大量投资进入低技术含量的行业重复生产，导致产量增速超过需求增速；同时许多市场需求旺盛的产品又缺乏供给能力，许多关键技术的零部件、中间产品和设备依赖进口，如发动机、数控机床和制造业装备等。中国制造业产能过剩的原因是复杂的，它蕴涵着我国经济发展中许多深层次的矛盾和问题。然而笔者认为最根本的原因就是中国制造业的技术发展水平落后，导致我国资源仅能投入低技术含量、低附加值以及价值链的低端环节的生产领域，这样不仅投资收益率低于社会平均收益率，而且制约经济的持续增长以及人均国民生产总值的快速提高。只有加快技术进步才能真正解决结构性失衡问题。

5.1.3.2 制造业产业结构存在虚高化问题

如果仅进行宏观、概括的评价，就可以认为中国制造业在融入全球产业链条的过程中，技术发展水平不断提升，这表现为传统产业的高新技术改造、落后产业不断淘汰、新兴产业不断发展的产业结构优化升级的动态过程。

然而，如果从中观的角度，即产业结构的层面评价，就会发现中国制造业的技术进步存在着虚高化问题。2011 年我国高技术产业人均产值为 68.4 万元/人，远低于制造业的平均水平 72.6 万元/人②。我国所谓的"高技术产业"，在全球的生产链条中，只能处于高技术

---

① 资料来自：中国建材网 http://www.bmlink.com。
② 数据来源：中国高技术产业统计年鉴 2012。

产业的低端装配环节。低技术产业有高端产品，而中、高技术产业也有低端产品和低级的生产环节，深入中观层面对具体行业的技术水平进行分析，对于客观评价我国制造业的技术水平具有重要的意义。

在第 3 章对中国制造业三类行业产值占比进行了分析，截至2011 年，技术密集型行业产值占制造业总产值的 40%，表明我国制造业的产业高度化不断提升。

然而"百分之四十"的数据并不能说明中国制造业已进入世界强国的行列，并不能代表中国制造发展的实际水平。中国制造业存在产业结构的虚高化问题。例如，在计算机、电子设备制造行业，从要素投入的角度此行业属于技术密集型行业，但是这类行业具有产业链条长的特点，既包括低端的加工组装等劳动密集型环节，也包括研发、品牌创造等技术密集型环节。因此，尽管中国在这一行业的产值较高，但中国仅能从事技术含量较低的生产组装环节。分工导致我国制造业的资本、技术密集型行业具有劳动密集型的特征。中国制造仍然是利用劳动力的优势参与全球生产。中国制造业的自主研发能力和技术水平还需要进一步的提高。

综上所述，无论是产业结构不合理还是虚高化问题都反映出我国制造业最本质的问题就是技术水平落后。因此，在开放条件下，利用外商直接投资的技术溢出效应促进我国制造业产业结构升级是解决上述问题最佳的途径。那么外商直接投资带来的国际技术溢出是否促进了中国制造业的产业间升级？笔者将根据加入世贸组织后中国外商直接投资以及制造业产业发展的数据来分析两者之间的关系，以期对这一问题有一个全面、正确的认识和分析。

5.2　FDI、国际技术溢出与中国制造业
行业间升级的实证分析

5.2.1　FDI、国际技术溢出与中国制造业行业间升级的机理分析

从要素供给的角度，技术进步影响制造业产业结构的变动是通过改变产业内要素在不同部门的配置以及同一部门内要素投入比例实现的。一方面，技术进步将带来行业内劳动生产率的提高，使一部分生产要素从传统、落后的部门抽离出来投入新兴产业的建立和生产中，从而引起新旧产业的更替，使产业结构发生变动；另一方面，由于各行业技术进步程度存在差异性，引起要素向效率高的部门移动，各行业要素投入量的变动及生产可能性边界向外移动将导致各行业产出的不同，则最终引起一国产业结构变动。

在开放条件下，由于不同的行业利润率不同，外资总是选择收益高的行业进行投资，因此外商直接投资存在行业偏差。即使假定外商直接投资的行业分布是均匀的，由于国际技术溢出的非匀质性，也会导致 FDI 引起的国际技术溢出在各行业是不均衡的。由于 FDI 渠道国际技术溢出导致不同行业的技术进步率不同，因而会影响一国的产业结构变动。如果投资国向东道国转移的产业恰好是东道国正要大力发展的行业，转移的技术恰好在东道国属于先进适用性技术，则 FDI 的国际技术溢出有助于东道国实现从劳动密集型行业向资本、技术密集型行业的转型升级。因此，在开放经济中，当一国产业结构的调整与发达国家的产业转移实现有效对接时，则 FDI 进入带来的正向技术溢出将促进此国产业结构的优化升级。

然而 FDI 渠道的国际技术溢出也可能会阻碍一国产业结构的升级。其原因如下：首先，FDI 渠道的技术溢出并非都是正向的，FDI

的进入导致东道国市场企业数量的增加以及市场竞争的加剧，实力强大的外资企业可能将本土企业挤出市场从而不能获得技术进步；其次，即使 FDI 渠道的国际技术溢出存在正效应，当东道国引入外资的方式不当，或者引入行业与该国的产业结构转型战略相矛盾时，也会造成东道国产业结构的低度化、同构化。例如，中国的制造业通过FDI 嵌入全球生产价值链，中国引入的外资以出口导向和劳动密集型为特征，跨国公司为实现自身利润的最大化，对中国进行技术封锁，抑制优质产业的成长，将中国制造业锁定在价值链的低端，阻碍制造业自身的产业结构优化。

综上所述，FDI 渠道技术溢出导致的技术进步对产业结构升级的影响是不确定的。如果 FDI 带来的正向技术溢出使要素从效率低的行业向效率高的行业转移，则 FDI 渠道的国际技术溢出有助于产业结构的升级；如果 FDI 带来负向技术溢出，或 FDI 的进入将生产要素锁定到低效率部门，则 FDI 渠道的国际技术溢出阻碍产业结构升级（见图 5–2）。

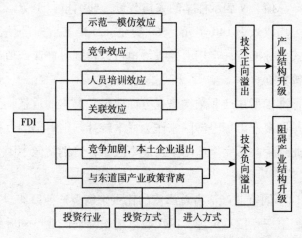

图 5–2　FDI 渠道技术溢出对产业结构升级的机理

5.2.2 理论模型的实证检验

5.2.2.1 产业间升级测度方法的选择

基于数据的可获性，目前对产业间升级进行全面、综合的评价相对比较困难。相关文献从不同维度对产业升级进行测度和评价，概括起来主要有以下几种方法。

（1）"标准模式"法。

此方法的主要思想为：在对一国或地区的产业结构进行测度时，以钱纳里的多国标准发展模式作为参照，通过对比研究对象与国际标准模式的偏差，揭示分析对象的产业发展现状及未来演变的方向。钱纳里的国民生产总值市场占有率模型为：

$$X_i = \ln\partial_0 + \partial_1 \ln Y + \partial_2 (\ln Y)^2 + \partial_3 \ln N \qquad (5-1)$$

其中，X_i 表示 i 产业的附加值市场占有率，Y 表示一国或地区人均国民生产总值，N 表示样本的人口数量。钱纳里以 1970 年为基期，分别给出人均收入为 140 美元、560 美元、2100 美元时的估计值，作为多国模式的标准值。运用上述方法也可以得到各产业产值结构、劳动力结构等数据。

一般标准模型在产业结构研究方面取得了突出的贡献，但是钱纳里的研究是以多个市场经济国家作为样本统计归纳得出的数据，具有一般性，此理论并不完全适用于发展中国家，特别是像中国这样的转型国家。

（2）以不同行业产值占总产值的比重来衡量产业升级。

根据配第—克拉克定理，国民收入增长推动产业结构升级，同时随着产业结构的升级，不同产业的产值占总产值的比重也发生变化。受此定理的启发，许多学者用不同产业产值占总产值的比重来衡量产业结构的升级。

方法一：以第一、第二、第三产业产值占总产值比重的变动衡量产业间的动态变化。这种测度方法是从宏观的角度衡量一国产业结构的变动，也是衡量产业结构变动最常见的方法之一。江锦凡（2004）为研究外商直接投资与产业结构变动的因果关系，在其构建的统计模型中用第一、第二和第三产业产值占国民生产总值比重的变化情况来衡量产业结构的变化。

方法二：以劳动密集型、资本密集型和技术密集型产业占总产值的比重衡量产业内的升级。根据产业升级的定义，产业升级意味着从劳动密集型价值环节转向资本和技术密集型价值环节，从劳动密集型价值链条转向资本和技术密集型价值链条。产业升级的过程体现了要素禀赋比较优势动态变化的过程。因此，当一国资本、技术密集型产业逐渐成为优势产业，劳动密集型产业在此国的重要性逐渐下降时，表明这个国家实现了产业升级。

采用这种测量方法的优点在于可以从中观的层级衡量三大产业内部的升级情况，此方法多见于分析工业或制造业内部的产业升级情况。如张明志、李敏（2011）在分析国际垂直专业化分工对制造业产业升级影响时用劳动密集型产业产值比重的下降与资本技术密集产业产值比重的提升表明制造业内部产业间的升级。

方法三：以高技术产业产值占总产值比重的变动衡量产业升级。由于产业升级很大程度表现为高技术产业的发展和用高技术对传统产业的改造，因此对产业升级的测度可以使用高技术部门产值占总产值的比重这一指标。通过纵向比较来分析产业结构的变动。

然而产业升级不仅仅是高新技术产业产值占总产值比重的增加，还应该将传统部门的高技术改造包括在内。因此，单纯用高技术部门所占比重来衡量产业升级存在一定的局限性。

5.2.2.2　计量模型的设定和变量的选取

（1）模型设定。

首先要科学、合理地量化制造业内部产业结构的升级，根据前面对各种产业间升级测度方法优缺点的分析，本节将选取各行业产值占制造业总产值的比重作为因变量。通过比较国际技术溢出对劳动密集型行业、资本密集型行业及技术密集型行业这三类制造业产值占比的影响来判断是否存在制造业内部的产业结构高级化。因此计量模型设定为：

$$\ln PV_{pt} = \alpha_0 + \alpha_1 \ln S_{pt}^{IM} + \alpha_2 \ln S_{pt}^{FDI} + \alpha_3 \ln S_{pt}^{D} + \xi_t \qquad (5-2)$$

其中 PV_{pt} 表示 t 时期 P 行业产值占制造业总产值的比重。其他变量同第 4 章。

（2）数据来源。

制造业总产值和制造业各行业产值的数据来自 2002～2012 年中国统计年鉴。其他变量数据来源与第 4 章相同变量的数据来源相同，可参见第 4 章。

（3）检验和模型的选择。

面板数据相对于时间序列数据有许多优势，如可以克服数据的多重共线性问题，使估计结果更加准确、强大。因此本章的计量模型利用 2001～2011 年 13 个制造业行业的面板数据进行分析。对于面板数据首先要选择模型的设定类型，因此首先采用 F 检验、LM 检验和 Hausman 检验对数据进行分析，检验结果见表 5－1。

表 5－1　　　　　　　　　检验结果及模型选择

	劳动密集型行业	资本密集型行业	技术密集型行业
F 检验	0.0000（拒绝原假设）	0.0000（拒绝原假设）	0.0000（拒绝原假设）
LM 检验	0.0000（拒绝原假设）	0.0000（拒绝原假设）	0.0996（接收原假设）
Hausman 检验	0.0015（拒绝原假设）	0.0000（拒绝原假设）	
模型选择	固定效应模型	固定效应模型	固定效应模型

（4）计量结果及分析。

从回归结果看，劳动密集型行业、资本密集型行业贸易渠道的回

归系数分别为 -0.049、-0.027，说明劳动与资本密集型行业进口贸易渠道的国际技术溢出与行业内产值占总产值的比重呈反向变动关系。而技术密集型行业的产值占比与贸易渠道的技术溢出呈正比，系数为 0.04。此外，三大行业的回归系数依次递增，表明贸易渠道的国际技术溢出对三大行业的产值占比的影响程度依次增大，贸易渠道的国际技术溢出在一定程度上促进了中国制造业内产业结构的升级。

外商直接投资渠道的国际技术溢出对不同类别制造业产值占比的影响均为正相关关系，其回归系数依次为劳动密集型行业 0.141，资本密集型行业 0.071，技术密集型行业 0.006（见表 5-2）。从劳动密集型行业到技术密集型行业回归系数依次递减，表明 FDI 渠道的国际技术溢出阻碍了制造业内的产业结构升级。这一实证结果说明外商直接投资对制造业内部产业结构的促进作用是通过资本效应实现的，国际技术溢出效应不但没有促进反而阻碍了制造业的产业结构升级。这一结论也证明了本书前面的分析：表面上我国制造业产业结构不断优化，但是存在虚高化问题。即在实现高技术、高附加值行业产值增长的同时并未实现技术水平的同步升级，中国制造业仍然处于价值链的低端环节。

表 5-2　　　　　　　　　　回归分析结果

variable	劳动密集型行业（FE）	资本密集型行业（FE）	技术密集型行业（FE）
$\ln S_{pt}^{IM}$	-0.049 * (-0.63)	-0.027 * (-0.37)	0.04 * (0.76)
$\ln S_{pt}^{FDI}$	0.141 ** (1.65)	0.071 * (0.7)	0.006 ** (0.06)
$\ln S_{pt}^{D}$	-0.105 (-0.76)	0.143 ** (1.39)	0.045 (0.54)
_ cons	-2.714 (-0.89)	-5.268 * (-1.98)	-4.067 ** (-1.82)
r^2	0.1	0.187	0.017
r^2_ a	-0.034	0.055	-0.143
NF			

5.3 本章小结

按照历史发展的顺序，本章首先对中国制造业内部产业结构升级的阶段性变化进行回顾，在此基础上，总结我国制造业行业间升级的基本特点以及存在的问题。

然后对 FDI 渠道国际技术溢出与中国制造业行业间升级的机理进行分析，以此作为建立计量模型的理论基础。并通过面板数据进行实证分析，力图寻求 FDI 渠道国际技术溢出与中国制造业行业间升级的关联关系。实证结果表明：尽管外商直接投资主要进入资本、技术密集型行业，但是 FDI 并未带来资本特别是技术密集型行业技术的高速发展。FDI 渠道的国际技术溢出阻碍了制造业内的产业升级，中国引进外资的效果并不理想。

第6章　FDI渠道国际技术溢出效应影响因素的实证研究

6.1 行业层面各因素对 FDI 渠道国际技术溢出影响的机理分析

在第 2 章本书对影响 FDI 渠道国际技术溢出效应的因素进行了分析，这些因素中既有宏观国家层面的因素，也有中观行业或地区层面的因素，还包括微观企业层面的因素。由于本书研究的范围是 FDI 对中国制造业国际技术溢出效应的影响，因此本章主要从行业层面的视角分析 FDI 渠道国际技术溢出效应的影响因素。

6.1.1 技术因素

技术不仅包括生产产品所使用的劳动工具，还包括工艺流程、制造工艺以及管理经验等。技术因素的差别体现为行业技术进步的差异。传统的劳动密集型行业如服装加工、饮料制造等，生产加工技术相对比较成熟，其技术进步主要体现为以消费者的需求为导向，进行产品创新，营销创新等"虚拟概念"的创新，以及品牌的建立与推广。

资本密集型行业如钢铁制造业，此行业的生产技术被标准化为生产产品的机械设备。其技术进步表现为先进资本设备等中间产品的使用以及先进制造模式或管理方式的使用，如柔性制造系统（FMS）、计算机集成制造系统（CIMS）、绿色制造（GM）等。

技术密集型行业的典型代表是电子设备制造行业，这些行业产业链条较长，上、中、下游企业技术门槛差距较大，既有上游核心技术的研发环节也有下游组装生产环节。在生产链条中不同环节的制造企业其技术进步的内容也存在差异。处于核心研发环节的企业其技术进步主要表现为新技术、新产品的创新，而处于组装环节的企业其技术进步主要表现为制造工艺环节的创新。

　　由此可见，不同行业技术进步的内涵不同，所以各种因素对不同行业的技术溢出影响程度也存在较大差异。以往关于技术溢出效应的影响因素的相关文献单一化、模糊化了行业的技术差异。因此，本章按照要素的相对投入量将制造业行业细分为劳动密集型、资本密集型和技术密集型行业，对不同类型行业的影响因素分别进行研究，其目的就是将行业本身的技术差异作为影响因素之一纳入 FDI 技术溢出影响因素的分析框架中。

6.1.2　技术差距

　　技术差距是从技术来源方的角度分析。一般来说，跨国公司子公司在东道国使用的技术与东道国本土企业的技术势差越大，越有利于技术外溢。但是也有相关研究认为，技术差距过大，超出本土企业的吸收能力，将不利于技术外溢。因此分析技术差距对技术外溢的影响是要以东道国各行业的吸收能力为前提条件的。也就是说，制造业各行业应根据本行业的技术发展现状及吸收能力有选择地引入外资，才能有效地提升技术溢出的效果。

6.1.3　人力资本

　　人力资本是"干中学"机制发挥溢出效应的重要载体，是决定各行业技术吸收能力的核心因素。人力资本既应该包括专门从事研发活动的科技人员，还应该包括在生产企业从事生产活动的技术工人。日本技术赶超的成功经验在于非常注重企业员工的技术创新，充分调动企业员工的学习性和创造性，对引进的技术进行模仿、吸收和创新。因此，制造业各行业应注重对从事生产活动的技术工人的培训和培养，这将有助于在与外资企业的前后向关联中吸收先进的技术。

6.1.4　行业开放度

行业开放度对示范—模仿机制和竞争机制的技术溢出影响较大。行业的对外开放程度越高，行业内企业接触到跨国公司的机会就越多，学习和模仿跨国公司先进技术的可能性就越大。另外，行业开放为跨国公司向其子公司转移先进技术和产品提供了便利的市场环境。

此外，行业开放程度的提高，有利于促进国内外商品的自由流动和外商直接投资的进入。外国商品的进入使行业内的竞争加剧，行业内本土企业为了提高自身的竞争力将积极地与外商投资企业建立紧密的前后关联，通过获取跨国公司的先进技术来提高自身的技术水平。

6.1.5　行业竞争程度

行业的竞争程度对 FDI 渠道竞争机制的技术溢出影响最为直接。跨国公司子公司对本土企业的技术溢出大小和速度取决于其子公司进入行业的竞争程度。如果行业内竞争比较激烈，跨国公司为了保持自身的市场份额和竞争优势，就会加快对子公司的技术转移，并向子公司转移较东道国更为领先的技术。因此行业的竞争程度与跨国公司的技术溢出成正比。

然而资本都是具有逐利性的。跨国公司在向东道国投资进行行业选择时，行业利润的大小是重要的参考因素。而利润大的行业往往竞争程度较低。因此现实中 FDI 大量进入的行业可能竞争程度较低，所以可能不利于东道国的技术溢出。此外 FDI 的进入可能对本土企业产生挤出效应。当国外拥有充裕资本、先进技术以及管理经验的跨国公司进入本地市场，抢占国内市场份额时，将可能导致大量本土企业经营不善，退出市场，从而不利于技术溢出，甚至阻碍东道国的经济增长。

由此可见，FDI 只有与各种影响因素结合，在特定的市场条件下才能产生正向的溢出效应。因此，在研究各种因素对 FDI 技术溢出效应的影响时，只有细化到制造业行业内部，细分不同类型、特点行业的影响因素，才能有针对性地提出促进制造业技术溢出效果的政策措施。

6.2　实证模型

6.2.1　计量模型的确立

关于 FDI 技术溢出效应的研究多以 Cobb-Douglas 生产函数为基础来确定。传统的 Cobb-Douglas 生产函数为：

$$Y_{it} = A_{it}K_{it}^{\alpha}L_{it}^{\beta} \tag{6-1}$$

其中，Y_{it} 表示制造业中 i 行业在 t 时期的总产值，A_{it} 表示 i 行业在 t 时期的技术水平，K_{it} 表示 i 行业在 t 时期的资本投入量，L_{it} 表示 i 行业在 t 时期的劳动投入量。

在开放条件下，技术进步是由本土研发存量 S_d 和外国研发存量 S_f 共同推动，即 $A = F(S_d, S_f)$。假定技术函数也符合 C – D 生产函数的形式，则开放条件下式（6 – 1）的生产函数可表示为：

$$Y_{it} = S_{itd}^{\delta}S_{itf}^{\eta}K_{it}^{\alpha}L_{it}^{\beta} \tag{6-2}$$

对式（6 – 2）两边取对数得：

$$\ln Y_{it} = \beta \ln L_{it} + \alpha K_{it} + \delta S_{itd} + \eta S_{itf} + \varepsilon_{it} \tag{6-3}$$

根据上一节内容，从行业层面的视角分析，影响 FDI 渠道技术溢出的主要因素包括技术因素、技术差距、人力资本、行业开放度及行业竞争程度。把这几个影响因素引入式（6 – 3），考察 FDI 渠道的国际技术溢出效应。

本书用外商直接投资的国外资本存量分别与除技术因素外其余各

影响因素的交互项来反映不同因素对溢出效应的影响作用，同时将制造业行业细分为劳动密集型、资本密集型和技术密集型行业三类分别进行实证分析，来体现行业间的技术差异对技术溢出的影响。最终的计量模型确立为：

$$\ln Y_{it} = \alpha_0 + \alpha_1 \ln L_{it} + \alpha_2 \ln K_{it} + \alpha_3 \ln S_{itf} + \alpha_4 \ln S_{itd} + \alpha_5 \ln S_{itf} * gap_{it}$$
$$+ \alpha_6 \ln S_{itf} * human_{it} + \alpha_7 \ln S_{itf} * open_{it} + \alpha_8 \ln S_{itf} * compete_{it} + \varepsilon_{it}$$

$$(6-4)$$

其中，gap_{it} 表示 i 行业在 t 时期外资企业与内资企业的技术差距；$human_{it}$ 表示 i 行业在 t 时期的人力资本状况；$open_{it}$ 表示 i 行业在 t 时期的市场开放度；$compete_{it}$ 表示 i 行业在 t 时期的市场竞争度。

6.2.2 数据来源及分析

制造业行业的选取及分类与第 4 章实证分析部分基本相同。第 4 章中根据《国民经济行业分类》（2002）标准，选取了 28 个制造业分行业，并参照国际标准产业分类和 OECD 数据库分类将 28 个制造业分行业归为 13 个大类。本部分将其中的炼焦、石油加工和核燃料加工业去掉，剩余 12 个大类。去掉此行业的主要原因为其属于国有垄断行业，不允许私人企业进入，其市场竞争度指标无法准确衡量。

各行业的产值来自中国统计年鉴大中型企业数据库，并以 2001 年为基期用工业品出厂价格指数（PPI）进行平减。各行业 FDI 渠道的外国研发资本存量数据和各行业本土研发资本存量数据的获取与计算同第 4 章相同，在此不再累述。

劳动投入用大中型企业从业人员年平均人数表示，资本投入用大中型企业固定资产净值表示，并以 2001 年为基期用 PPI 指数进行平减。两组数据均来自中国统计年鉴。见图 6-1 和图 6-2，2001~2011 年，各行业劳动投入和固定资产净值基本呈现逐年递增的趋势，特别是专用设备及各种机械设备制造业劳动投入及固定资产净值增长速度较快，2011年此行业的劳动投入是2001年的3.17倍，固定资产净值11年间增长了5.18倍。从业人员及资本投入的不断增长，表明我国的专用设备、通信设备以及电子计算机设备制造业等行业发展

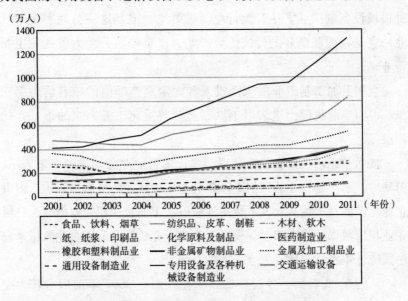

图6-1　2001～2011年分行业大中型企业劳动投入

资料来源：2002～2012年中国统计年鉴。

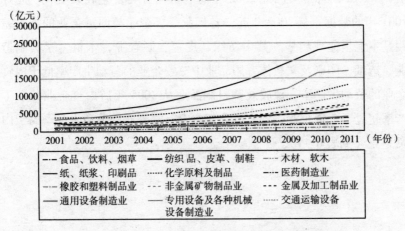

图6-2　2001～2011年分行业大中型企业固定资产净值

资料来源：2002～2012年中国统计年鉴。

迅速，逐步成为我国制造业的重要支柱产业。

纺织业、皮革及制鞋业的劳动投入一直稳居前列。此行业的从业人员在 2003 年之前一直居首位，2003 年以后低于专用设备及各种机械设备制造业。尽管此行业退居第二，但是这一劳动密集型行业一直是我国制造业的传统优势产业，也是吸纳劳动力就业的主要行业。

金属及加工制造业的劳动投入和固定资产净值的排名均为第三位。说明当前我国已进入以钢铁制造业等重化工业为主的重工业化阶段。

技术差距用三资企业劳动生产率比内资企业劳动生产率来表示。劳动生产率用各行业总产值除以各行业年均从业人员数来表示。内资企业总产值及年均从业人员数用规模以上工业企业相应数据减去三资企业相应数据计算获取。规模以上工业企业数据及三资企业数据来自中国统计年鉴（见图 6 - 3）。

从图 6 - 3 看到，各行业的技术差距图在 2002 年前后有较大变化，其主要原因为，我国在 2002 年开始实行新的《国民经济行业分类》（2002）标准。因此 2002 年前后行业分类发生较大变化。剔除 2001 年的数据，从 2002 年起，各行业三资企业与内资企业的技术差距基本上呈递减趋势。其中纺织、皮革、制鞋业，木材、家具制造业，造纸、印刷及文教体育用品业中三资企业的劳动生产率低于内资企业的劳动生产率。橡胶及塑料制品业从 2005 年后内资企业劳动生产率超过了三资企业。剩余行业基本上三资企业的劳动生产率高于内资企业（见表 6 - 1）。

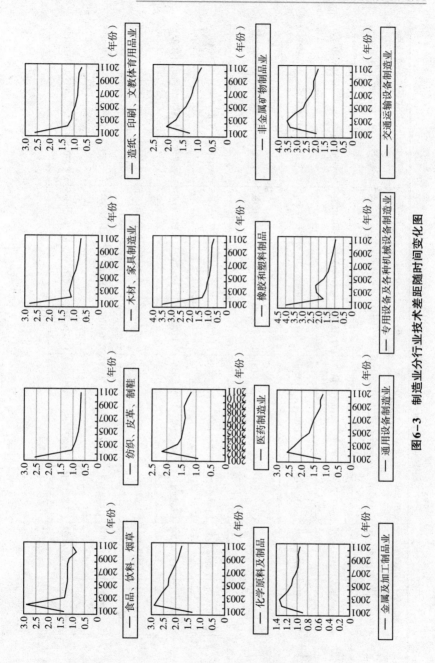

图6-3　制造业分行业技术差距随时间变化图

表 6-1　　制造业各行业外资企业与内资企业的技术差距

技术差距	2001年	2002年	2003年	2004年	2005年	2006年	2007年	2008年	2009年	2010年	2011年
食品、饮料、烟草	1.352548792	2.881582488	1.313680112	1.291325746	1.2054915	1.187292086	1.1909606	1.192460964	1.128557226	0.84433181	1.014186757
纺织、皮革、制鞋业	2.551398302	1.051784871	0.932756583	0.852938274	0.777741079	0.753539018	0.714889842	0.701215014	0.689996058	0.685809345	0.676086403
木材、家具制造业	2.78832857	1.087565894	1.163718934	1.113634301	1.043895629	0.923425655	0.855702655	0.817096581	0.771352881	0.747418345	0.704419488
造纸、印刷、文教体育用品业	2.613797038	1.290423655	1.107590815	1.064011842	0.963581087	0.909358391	0.855191854	0.82720386	0.815825179	0.789761962	0.680232125
化学原料及制品	1.341099561	2.891396689	2.695436256	2.528515444	2.311929387	2.297862517	2.170771743	2.059231425	1.930836139	1.852714857	1.754601314
医药制造业	0.926286193	2.155373392	1.642308493	1.514832971	1.458404561	1.407865539	1.380014058	1.391590901	1.401756586	1.307047996	1.165540033
橡胶和塑料制品	3.453420347	1.291913842	1.116242531	1.066842773	0.952182071	0.907482735	0.845120311	0.825302368	0.79427244	0.783315109	0.679207296
非金属矿物制品业	1.255889281	2.057888039	1.74023779	1.619158239	1.405735181	1.269016546	1.186152139	1.146990441	1.032838728	0.988176489	0.85981138
金属及加工制品业	0.888608454	1.293974229	1.329457516	1.188621449	1.112499084	1.083842885	1.03149005	0.984159575	0.972701534	0.985774692	0.93151521

续表

技术差距	2001 年	2002 年	2003 年	2004 年	2005 年	2006 年	2007 年	2008 年	2009 年	2010 年	2011 年
通用设备制造业	1.207712125	2.570224669	2.27377432	2.016404426	1.687545607	1.599030537	1.510650269	1.360270321	1.212692108	1.234123906	1.143502125
通用设备、电子及计算机	4.012240662	1.688284249	2.112538764	2.157837549	1.689107181	1.431583566	1.3243763	1.212669966	1.098649877	1.055843921	0.952027298
交通运输设备制造业	1.93343093	3.350579142	3.519472646	3.135362036	2.631815162	2.517251663	2.2295038	2.084161644	2.071760772	1.976991938	1.817997745

资料来源：中国统计年鉴。

　　制造业中三资企业与内资企业技术差距比较大的行业有化学原料及制品业、交通运输设备制造业及医药制造业。非金属矿物制品业、金属及加工制品业、通用设备制造业、专用设备及各种机械设备制造业的内资企业与三资企业的技术差距缩小较快，表明这些行业的劳动生产率提高较快，技术进步较大。

　　从制造业整体看，制造业各行业的外商直接投资企业向中国转移的技术整体水平较低。很多国家将其过时、落后的技术转移到中国，即使是对中国技术密集型行业的投资也仅仅是加工制造环节。因此，可以判断引入外资质量不高，可能是导致国际技术溢出效果不甚理想的原因之一。

　　关于人力资本存量水平的计量估值存在很多代理变量。例如，使用全部就业人员受教育年限总和与总人口的比值来表示（赖明勇，2005），也有采用每万人中接受中等教育的在校生人数（陈柳、刘志彪，2006）。由于上述几种方法都是从国家层面衡量的人力资本水平，因此不适合行业内的人力资本存量的计量分析。根据数据的可获性，本章中人力资本用各行业的研发人员与各行业的从业人员的比值表示。此比值越大表明行业的人力资本状况越好，对技术模仿、吸收的能力越强。各行业研发人员数来自《中国科技统计年鉴》大中型企业数据库，各行业从业人员数来自《中国统计年鉴》大中型企业数据库。

　　从各行业人力资本投入的变化情况看，可以分为三个阶段：第一阶段为 2008 年之前，这一阶段各行业人力资本投入稳步增长；第二阶段为 2008～2010 年，各行业人力资本投入大幅度降低。其主要原因是制造业各行业受金融危机影响，行业利润率下滑导致企业减少研发投入，从而导致研发人员占从业人员比重的下降；第三阶段为 2010～2011 年，随着经济的不断调整与复苏，企业开始加大研发支出，增加研发人员，通过技术进步来促进行业的发展，走出危机中的困境。

从图 6-4 中可以看出，2011 年研发人员占从业人员比值较高的行业依次为医药行业、通用设备制造业、化学原料及制品业、交通运输设备制造业以及专用设备及各种机械设备制造业。表明这几个行业的人力资本状况较好，自主研发和吸收国外先进技术的能力较强，同时这几个行业也基本上是我国划定的高技术行业。

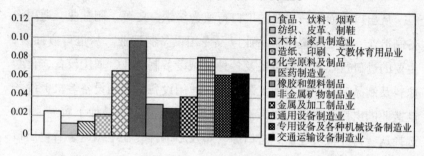

图6-4　2011 年分行业研发人员占从业人员的比值

资料来源：《中国科技统计年鉴》、《中国统计年鉴》。

行业的市场开放度用各行业进出口总额与各行业总产值的比表示。比值越大表明此行业的开放程度越高。如图 6-5 所示，各行业

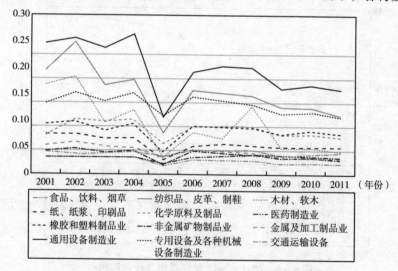

图6-5　各行业进出口额占各行业总产值的比重

资料来源：OECD 数据库、《中国统计年鉴》。

的市场开放度尽管存在一定的波动性，但总体上都是呈现递减趋势。特别是开放度较高的行业如通用设备制造业。纺织品、皮革、制鞋业，专用设备及各种机械设备制造业，木材加工等行业的下降趋势更加明显。表明我国经济的外贸依存度逐渐下降，逐步由出口拉动经济增长战略向由扩大内需来带动经济增长的方式转变。

从出口方面看，主要的出口行业为纺织、皮革、制鞋业，通用设备制造业，橡胶和塑料制品业以及专用设备制造业。从进口方面看，主要的进口行业有专用设备及各种机械设备制造业，通用设备，化学原料及制品业，金属及加工制品业。通用设备、专用设备等机械设备制造业的出口和进口额均较高，表明这些行业主要是加工贸易。FDI选择这些行业投资建厂，进口原材料及零部件，在中国组装后再出口到世界各地。

行业的市场竞争度用行业的利润总额与行业内产品销售收入的比表示，即用利润率表示。如果此比值越大，就表明行业的竞争度越低，行业内企业可以获得较多的垄断利润。如图 6 - 6 所示，各行业

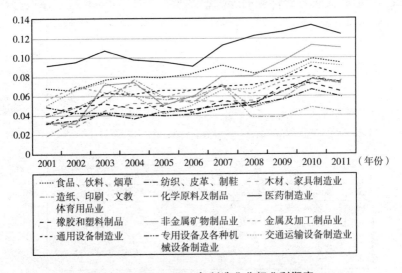

图 6 - 6　2001 ~ 2011 年制造业分行业利润率

资料来源：中国统计年鉴。

的利润率基本呈现稳中略升的趋势。到 2011 年利润率最高的四个行业分别是医药行业，非金属矿物制品业，食品、饮料、烟草业和交通运输业。其中，非金属矿物制品业 2001～2011 年利润率增长非常迅速，通过对此行业的考察，笔者认为引起其利润率增长的主要原因可能是因为现代的非金属矿物制品业主要应用于电子信息、航空航天、海洋开发以及新能源和新材料等高技术领域，因此其行业利润率获得显著提高。

6.2.3　检验及模型选择

本章样本是 2001～2011 年共 12 个行业的面板数据。在 Stata 10.0 软件中，通过面板数据的回归分析比较不同因素对劳动密集型行业、资本密集型行业、技术密集型行业国际技术溢出的影响程度。

采用面板数据进行回归分析，可以克服变量之间的多重共线性问题，可以更好地研究经济行为变化的动态性。面板数据回归分析的第一步就是要进行模型选择。采用 F 检验、LM 检验和 hausman 检验，从混合回归、固定效应和随机效应模型中筛选出最适合的模型，然后再进行相应的回归，使回归结果更加准确和稳健。通过上述检验，模型的选择结果见表 6－2。

表 6－2　　　　　　　　　检验结果及模型选择

	劳动密集型行业	资本密集型行业	技术密集型行业
Wald 检验	F = 90.93 （拒绝原假设， 选择固定效应）	F = 24.7 （拒绝原假设， 选择固定效应）	F = 14.39 （拒绝原假设， 选择固定效应）
LM 检验	P = 0.7186 （接受原假设， 选择混合效应）	P = 0.8353 （接受原假设， 选择混合效应）	P = 0.3475 （接受原假设， 选择混合效应）
模型选择	固定效应模型	固定效应模型	固定效应模型

6.2.4 计量结果及分析

根据检验结果选择固定效应模型对三类行业分别进行回归分析（见表6－3）。回归结果显示，三类行业中FDI渠道的国外研发资本存量与技术差距的交乘项没有通过显著性检验。表明技术差距因素对制造业各行业的国际技术溢出的影响较小，甚至不存在。对技术密集型行业的回归结果中，国外研发资本存量与行业竞争度的交乘项也不显著。剩余变量在三组回归分析中均在10%、5%和1%的水平上通过了显著性检验。

表6－3　　　　　　　　　回归结果

变量	劳动密集型行业（FE）	资本密集型行业（FE）	技术密集型行业（FE）
lnL	0.39352813 * (1.94)	0.312469 * (1.35)	0.992246 *** (3.15)
lnK	0.59007141 * (2.72)	0.5237436 ** (2.48)	1.097245 ** (2.23)
lnS_f	0.1181626 ** (2.12)	0.0154603 *** (0.57)	0.0461044 * (1.06)
lnS_d	0.60929492 *** (2.8)	0.5631134 *** (3.59)	1.901456 * (4.89)
$lnS_f * gap$	－ 0.00594656 （－0.85）	0.0042666 (0.83)	－ 0.0051822 （－0.87）
$lnS_f * human$	1.0704325 * ① (1.82)	0.4181839 *** ② (3.06)	－ 0.0611461 * ② （－0.3）
$lnS_f * open$	0.63115282 *** ② (6.36)	0.402114 *** ③ (3.16)	－ 0.4339014 *** ① （－3.93）
$lnS_f * compete$	－ 0.54100808 * ③ （－1.12）	0.4727264 *** ① (3.16)	－ 0.1815174 （－0.55）
_ cons	－ 3.257039 （－1.16）	－ 2.838797 （－1.66）	－ 20.20537 （－4.53）

在资本密集型行业的回归分析中，行业竞争度与国外研发资本存量的交乘项的系数为正，这个结果与前面的分析不符。根据前面的分析，在以利润率作为行业竞争度的代理变量时，利润率越高，表明行

业竞争度越差，技术溢出效应越小，即利润率与国外研发存量应该成反比。导致这一悖论的原因可能与利润率这一代理变量的选择有关。资本具有逐利性，跨国公司在向东道国投资进行行业选择时，大量进入高利润的低竞争行业，从而导致高利润行业能够较多地接触到先进技术，因此获得了较多的技术溢出。

在技术密集型行业中，行业开放度与国外研发资本存量的交乘项为负。笔者认为产生这一结果的原因如下：技术密集型行业是我国近年来 FDI 进入的主要行业。在价值链全球化的背景下，中国凭借廉价的劳动力、土地和环境成本等初级要素的比较优势，嵌入全球的生产链条中。中国的技术密集型行业主要以原始设备制造（Original Equipment Manufacture，OEM）模式参与全球的专业化分工。然而发达国家的跨国公司依靠自身的技术优势和市场势力试图将发展中国家锁定在低端的加工制造环节。例如，处于价值链高端环节的跨国公司为保持自身的技术优势，通过价值链治理等多种方式阻碍和限制技术的国际转移。同时由于这种"锁定效应"的作用，本土企业对原有要素、市场和价值链产生严重的路径依赖，抑制了自主创新和研发的积极性，从而限制了本土企业的技术进步，使技术水平也锁定在了原有的低端水平。因此，技术密集型行业的开放度越高，可以部分反映出此行业参与国际专业化分工程度越深，跨国公司对行业的锁定效应越大，从而不利于国际技术溢出效应的发挥。

6.3　本章小结

本章从制造业行业层面分析影响 FDI 渠道国际技术溢出的因素，在考虑行业内技术差异的基础上将制造业行业分为三大类，分别对不同类型行业的影响因素进行面板数据的回归分析，根据计量结果得到的结论如下：

首先，FDI 渠道的国际技术溢出系数为正，表明 FDI 存在正的溢出效应。但是不论哪一类 FDI 的溢出系数均小于此类行业中本土研发的回归系数。说明我国通过吸引外商直接投资来获取国际技术溢出的效果并不理想，本土研发对我国产出增长仍起到重要作用。

其次，对劳动密集型行业而言，影响 FDI 溢出效应的主要因素依次为人力资本、市场开放度、市场竞争度。这一结果恰好验证了前面的理论分析。如前所述，劳动密集型行业中人力资本对技术进步起到重要推动作用，是"干中学"效应的主要载体。人力资本通过在外商投资企业的工作经历获取到先进的管理经验、品牌经营、销售渠道等知识，并通过劳动力的不断流动，推动本土企业的技术进步。因此人力资本是影响劳动密集型行业国际技术溢出的首要因素。

再次，对资本密集型行业来说，影响 FDI 国际技术溢出效果的第一要素是行业竞争程度，第二是人力资本，第三是市场开放度。由于资本密集型行业的技术进步主要来自物化的资本设备，因此行业内竞争越激烈，越有可能促使跨国公司向东道国子公司转移先进技术。同时开放的市场为资本品的自由流动提供了良好的环境，优质的人力资本状况加速了国际技术溢出。三种因素相互作用促进了资本密集型行业的国际技术溢出。

最后，对技术密集型行业而言，只有市场开放度和人力资本两个因素通过了显著性检验。但是与前两个行业不同的结论是：技术密集型行业中人力资本以及市场开放度与国际技术溢出成反比。这一结果恰恰说明我国技术密集型行业中投入的人力资本素质较低，与国际技术溢出要求的人力资本门槛相距较大，阻碍了 FDI 渠道的国际技术溢出；而市场开放度越高，表明行业参与全球专业化分工程度越深，跨国公司的技术锁定效应越大。

第7章　研究结论、政策建议与研究展望

7.1 研究结论

本书对 FDI 渠道国际技术溢出的存在性、传导机制及影响因素等基本理论进行总结，并通过梳理 FDI 渠道国际技术溢出的相关文献，找出研究的视角及切入点：从制造业分行业的层面研究 FDI 渠道国际技术溢出对中国制造业产业升级的影响。首先对中国制造业的发展现状及 FDI 引进的情况进行分析，然后建立计量模型，分别检验了 FDI 渠道国际技术溢出对中国制造业产业内及产业间升级的效果。并结合各行业技术进步的特点，找出不同类型行业溢出效应的机制和主要影响因素，在此基础上提出相应对策。综合以上分析，笔者得出如下结论：

第一，在中国制造业发展速度整体高于世界制造业平均发展速度的今天，各行业表现迥异。其中食品、饮料、烟草制造及纺织、服装、制鞋等具有传统优势的劳动密集型行业的产值对制造业的贡献不断下降；资本密集型行业产值总体呈现平稳上升趋势；而技术密集型行业的产值呈现大幅度增长态势。因此可以看出我国制造业在快速发展的同时也实现了产业结构的动态升级。

第二，从中国制造业 FDI 渠道国际技术溢出的情况看，无论从投资行业分布、投资方式、国别分布还是投资目的分析，中国制造业引进 FDI 的国际技术溢出效果并不理想，以市场换技术的战略并未达到预期目标。

第三，本书构建了新型制造业技术水平评价指标体系，将技术创新的投入产出指标以及环境保护指标纳入系统的评价体系中。以此来反映制造业未来的竞争能力、持续发展能力以及长期效益。并运用主成分分析法对中国 29 个制造业分行业的技术水平进行客观评价。结果显示：传统评价指标所评价出的高技术产业，其技术效率较低，行业创造力差，技术投入与产出不成比例；按照新型评价指标体系，我国制造业中的支柱产业不但技术水平低而且在生产中能耗较大、污染严重。

第四，通过计量模型实证分析，肯定了外商直接投资对制造业各行业技术溢出效应的存在性。从整体看，FDI 渠道国际技术溢出效果小于进口贸易渠道的国际技术溢出效果。而本土研发与技术进步两个变量呈反方向变化；从三大类行业看，国际技术溢出效果从低到高依次为技术密集型行业、劳动密集型行业、资本密集型行业。

第五，本书以制造业各行业产值占总产值的比重作为产业间升级的代理变量，实证检验 FDI 渠道的国际技术溢出对产业间升级的影响，回归结果显示：FDI 渠道国际技术溢出对制造业产值占比的影响均为正相关关系，劳动密集型行业、资本密集型行业再到技术密集型行业的回归系数不断下降，这一结果说明 FDI 渠道的国际技术溢出抑制了制造业内部的产业升级。

第六，从制造业内部行业技术差异的角度考虑，分别对不同类别的制造业的影响因素进行回归分析。影响劳动密集型行业 FDI 渠道国际技术溢出效应的首要因素为人力资本，其次是市场开放度，最后是市场竞争度；影响资本密集型行业 FDI 渠道国际技术溢出效应的因素依次为行业竞争程度、人力资本、市场开放度；技术密集型行业中首先是市场开放度，依次是人力资本。与前两类行业的实证结果相反，技术密集型制造业中人力资本以及市场开放度因素与技术溢出成反比。在我国技术密集型行业中从业人员的人力资本素质较低，不能达到技术溢出要求的人力资本门槛，从而阻碍了 FDI 渠道的国际技术溢出；而市场开放度与技术密集型行业的技术溢出呈现反比变化的原因为：较高的市场开放度代表了行业参与全球专业化分工程度较深，跨国公司对行业的技术锁定效应就越大。

7.2　政策建议

7.2.1　制造业产业升级的路径选择

在开放条件下，本土研发和外部技术溢出是一国技术进步的主要源泉。从供给的角度，技术进步会带来经济增长并促进一国的产业升级。那么对于内、外两种不同的因素，在促进产业升级中的重要性是否相同？两者之间是什么关系？这对于我们提出当前制造业产业升级的对策是非常重要的。

笔者认为，一方面，国际技术溢出有助于提高一国自主研发水平。对于后发国家，当技术水平与发达国家差距较大时，可以通过国际技术溢出，学习国外已有的先进技术，缩短技术进步的时间，实现技术的跨越式发展。这是在一国资源有限、技术落后的情况下实现技术赶超的成本最低、效率最高的路径选择。日本就是通过国际技术引进与溢出，在短短的第二次世界大战后十几年间迅速实现技术的快速发展，从而使自身的研发水平大幅度提升。另一方面，自主研发决定国际技术溢出的效果。国际技术溢出是通过不同的传导机制实现的，国际技术溢出的效果是在特定条件下各种不同因素综合作用的结果。从技术溢出吸收方的角度，自主研发水平是决定国际技术溢出效果的重要因素。来自外商直接投资的先进技术只有被东道国消化、吸收，才能真正成为东道国技术进步的动力。东道国正是通过不断的研发投入来实现对引进技术的消化吸收。第二次世界大战后日本技术进步的成功之处就在于重视对引进技术的消化吸收。

但是，随着后发国家的技术进步和经济增长，后发国家开始进行产业升级和结构调整，在这个过程中难免与发达国家在某些行业形成竞争，发达国家出于保持自身竞争优势的考虑开始限制对发展中国家的技术转移，仅依赖外资的技术溢出来促进产业升级将会面临挑战。此时应将重心转向自主研发及创新，使自主研发成为促进国际技术溢出及产业升级的战略选择。随着自主研发能力的不断提高，外资企业在东道国市场感到巨大的竞争压力，为保持在东道国的竞争优势，母公司不得不将本国的先进技术转移到东道国子公司，并最终导致外资企业对东道国当地企业的技术溢出速度的加快。由此可见，国际技术溢出与本土研发相互影响，国际技术溢出可以提高一国本土研发水平，同时本土研发水平的不断提高有助于国际技术溢出的吸收，并加快外资对本土企业的技术溢出速度。

综上所述，无论是本土研发还是国际技术溢出对一国的产业升级都是非常必要的。在利用 FDI 渠道国际技术溢出的同时，不能丧失本土研发的主动性；在本土研发能力不断提升的同时，提高国际技术溢出的效果。对于后发国家来说，处于技术追赶阶段时，产业升级路径依赖于国际技术溢出这一主导因素，而本土研发因素居从属地位；处于技术超越阶段，产业升级路径就应该以本土研发为主，国际技术溢出为辅。

涉及制造业内部，产业升级的路径选择应依行业差异而定。笔者认为，由于制造业各行业的发展水平不同，与世界同行业的技术差距也不同，并且不同行业对于一国经济发展和产业安全的重要性亦存在差异，因此应结合不同行业的自身特点，制定适合行业发展的产业升级路径。并且随着行业技术水平的动态变化，产业升级路径也应发生不断的变动。

如食品制造、纺织等劳动密集型行业，在生产工艺、产品质量、劳动生产率上与发达国家虽有一定差距，但主要差距却体现在新产品的创新、品牌管理、售后服务等方面。因此，这些行业的产业升级应以本土研发为主，国际技术溢出为辅；而像医药制造业，由于我国与发达国家差距较大，应该大力吸引外资进入，利用技术溢出提高自身医药行业的技术水平，当然在引入 FDI 的同时应加大研发投入增强技术溢出吸收的效果；航天航空制造业，作为高端装备制造业的先锋，其技术水平体现一国制造业的整体实力，发达国家在这一领域对发展中国家实行技术封锁，对于高新行业应主要依赖本土研发，同时加强与技术领先国的研发合作。

7.2.2 提高 FDI 渠道国际技术溢出对制造业产业升级效果的对策建议

7.2.2.1 劳动密集型行业

由于劳动密集型行业的技术进步主要是一般性通用技术，一般性通用技术主要通过示范模仿效应或者说"干中学"效应在技术输出方和技术接收方之间传递，人力资本是主要的传递媒介。例如，跨国公司先进的管理经验是通过内、外资企业间的人员流动实现的。笔者在第 6 章影响因素的实证分析中得出结论：劳动密集型行业外商直接投资技术溢出效果的首要影响因素是人力资本。这一结论也证明人力资本对劳动密集型行业技术溢出的重要性。如何才能提高劳动密集型行业人力资本的水平？最大限度地发挥人力资本的溢出效应呢？笔者将从以下几方面提出对策：

（1）建立人才引进机制，促进内外资企业间人力资本的双向流动。

众所周知，人力资本的培育是一个长期的过程，需要多年的积累，我国可以通过人才的引进来缩短人力资本的积累过程。因此要筑巢引凤，创造良好的人才引进机制，鼓励海归人士、外企的管理人员与技术人员到内资企业就职。人民日报报道称："我国顶尖人才的流失数量居世界首位，特别是科学和工程领域流失率 87%。"这一数据说明我国人才培养体制尚待提高和完善。如何促进人才的流入和引进呢？其具体措施包括：制订吸引海外人才回归的计划，如我国已经实施的"千人计划"，成功地引入一批海外精英；提升海归人员的相对工资，为其科研活动创造良好的物质基础；增加学术交流，建立人才交换机制；构建科技创新平台，为引入的高层次人才创造良好的科研软环境。

此外，还要注重跨国公司雇员的本地化，东道国劳动者通过在跨国公司内的工作、学习机会，提升东道国的知识技术产量和知识溢出的可能性。不断完善劳动力市场，扫除劳动力流动的障碍，再通过优惠政策，使外资企业的行业精英回流到国内当地企业。通过人才的双向流动，提高技术溢出的效果。

（2）加大人才培养投入，改善人才供给结构。

人力资本的形成是人与物质资本投资相结合的产物，其核心在于人的素质和技能的开发，其形成是一个漫长而连续的不断投资过程。长期以来我国在人力资本的投资上远远落后发达国家。2012 年我国财政性教育经费占 GDP 的比重首次超过 4%，达到 4.28%。据世界银行公布的统计数据，2001 年，以美国为代表的发达国家公共教育支出占 GDP 的比重就已达到 4.8%，而像古巴这样比中国经济落后的中低收入国家，公共教育支出占 GDP 的比重竟达到 5.6%。因此，我国应长期不断地加大教育投入，提高人力资本存量水平，为高效利用外资打下坚实的基础。

2014 年中国高校毕业生将达到 727 万，从绝对数量看可以满足我国经济建设对人才的需求量。但是我国劳动力市场人才供给存在严重的结构性失衡问题。一方面大量的大学毕业生找不到合适的工作，另一方面企业内高级管理岗位和高级职业技术岗位空缺。造成这种失衡局面的主要原因为：职业教育与高等教育的失衡以及专业设置与市场需求的不匹配。由此可见，中国人才供给不能满足经济发展的需要，达不到技术溢出吸收的门槛标准。

政府在加大对基础教育投入力度的同时，一定要宏观调控好中等高职教育与高等教育的招生比例，以市场为导向科学、合理设置专业，并根据不同行业对不同层次人才需求的现实情况合理分配高等教育和中等职业教育的人才培养比例。此外，政府应制定相应政策鼓励企业开展职业培训教育，如可以专门从财政中拨款为企业的职业培训给予补贴，或通过制度设计建立稳固的职业培训体系，或由政府牵头建立专门的第三方社会培训机构，为不同企业私人定制专业化培训课程。

7.2.2.2 资本密集型行业

资本密集型行业技术进步主要是专有技术水平的提高，而专有技术的溢出通常是通过竞争效应实现的。第6章的实证结论也显示行业竞争程度是影响资本密集型行业技术溢出最重要的因素。跨国公司进入东道国市场，往往凭借技术上的优势达到对所有权、市场份额、营销渠道以及品牌的控制，甚至在某些行业实现完全的垄断。由于缺少有效的竞争，跨国公司并不会把国内最先进的技术向东道国市场转移，而是转移成熟或过时的技术，并减缓技术转移的速度。因此，只有在东道国内部形成有效的市场竞争结构，才能打破外资企业的技术垄断，加快外资企业对内资企业的技术溢出。

（1）通过外资来源多元化，形成外资企业间的良性竞争格局。

2012年，对中国制造业外商直接投资排在前五位的国家和地区是：中国香港、日本、新加坡、中国台湾及韩国。对制造业的外商直接投资主要来源于亚洲国家，如我国的轮胎行业被香港中策集团控股。行业内外资来源国（地区）单一，容易导致同一国家（地区）跨国公司间的合谋行为，从而形成行业垄断。因此，我国制造业引进外资要注重 FDI 的多元化，加大对欧洲国家外资引入的力度，使外资企业间形成良性竞争态势，从而有助于跨国公司将国际先进及前沿的技术带入东道国市场。

（2）促进行业内同类企业建立战略联盟，与外资形成有力竞争。

长期以来，我国制造业特别是资本密集型行业在发展过程中普遍存在企业规模小、行业集中度低，技术落后等问题。特别是钢铁行业，上述问题极为突出。按照工信部标准统计，在我国将近 10 亿吨的粗钢产量中，落后产能超过 3 亿吨。目前我国钢铁行业中等规模企业有 6000 多家，其中大中型企业不足 20%。2012 年排名前十的钢铁企业市场集中度仅为 46.1%。而 2009 年日本前 3 家钢铁企业粗钢产量就达到 72.24%。

企业规模小，行业集中度低将不利于内资企业与外资企业的市场竞争。小而分散的市场主体使我国企业陷入成本竞争的恶性循环，企业利润低下，缺少研发的动力和实力，当拥有资金和技术优势的外资企业进入行业内部，中国内资企业根本无法与之抗衡，并最终被外资收购或兼并。因此，在中国融入世界分工体系的现实背景下，制造业可以通过行业内企业的兼并重组或加强行业内企业的合作创新，有效组织重点企业和产品的生产建设，大力发挥集团优势，培养内资企业的技术优势，提升民族企业的竞争实力，形成可竞争垄断市场结构或者垄断竞争市场结构。通过内资企业实力的增强形成对外资企业的竞争威胁，迫使外资企业提高产品质量，加快技术转让与转移。

首先，国家通过制定特定行业优惠的政策措施，鼓励企业在正当的市场竞争中兼并收购，引导资源优化配置，以资本集中来促进企业规模的扩大，通过大型企业集团的培育形成与外资企业抗衡的实力；其次，变"以强吞弱"为"强强联手"的并购方式。这种强化优势企业间的并购将有利于实现研发合作与技术共享，从而达到节约交易成本、增强企业实力，提高本土企业对市场的控制力的目的。

7.2.2.3　技术密集型行业

技术密集型制造业是外资进入的主要行业。然而实证结果表明技术密集型行业的技术溢出效果是最不理想的。外商为了加大对东道国的技术封锁，其独资化趋势越来越明显，并通过价值链管理将中国制造企业沦为加工工厂。甚至一些外资企业兼并中国内资企业后，取消内资企业的研发机构，弱化中国制造业自身的创新能力。纵观中国制造业引入 FDI 的历史进程，不难发现跨国公司将技术创新的成果带入东道国。时间一长，东道国将忽视自身研发能力的提高，陷入引进——落后——再引进的技术增长依赖路径，最终只能扮演发达国家追随者的角色。

以汽车行业为例，中国加入世贸组织后汽车市场逐渐开放，大量外国汽车巨头纷纷到中国合资建厂。目前在中国汽车市场上，外国及合资品牌汽车占中国汽车市场销量的 90% 以上。十几年来，借助外资的春风，中国的汽车工业蓬勃发展。但是中国汽车行业在高附加值的发动机等关键技术上仍未获得突破，电子控制系统等核心技术仍然掌握在外资企业手中。怎样才能打破跨国公司独资化趋势及价值链锁定效应对技术密集型行业的技术封锁呢？笔者认为应充分发挥前后向关联效应，从与互补性跨国公司建立战略联盟的角度进行突破。其具体措施如下：

（1）鼓励跨国公司投资产业关联度高的技术密集型行业。

许多理论及实证研究表明，行业间的溢出效应通常大于行业内的溢出效应（Damijan, Knell & Majcen, 2003; Merlevede & Schoors, 2006 et al.）。为了保持技术上的优势，跨国公司会有意阻止技术向东道国同类竞争企业的溢出，同时为了与东道国同类企业竞争，跨国公司则会加快对东道国上下游关联企业的技术溢出。把握这一规律，中国政府应根据产业特点和技术发展水平的需要运用市场准入、优惠税收和产业倾斜政策有选择地吸引产业链长、与内资企业具有强烈互补性的外商直接投资进入高技术行业。如中国政府可以鼓励跨国公司投资于新型材料、新能源等上下游关联程度高的项目。引导企业进行专业化分工为外商投资企业提供配套生产和服务，以此推动本地企业的技术升级。通过产业上下游的紧密联系，创造更多的"干中学"的机会，为获得国际技术溢出创造条件。在与外资企业的战略合作中要注意以下两点：

一是，改变轻前向联系重后向联系的现状。在前后向关联效应中，外资企业往往局限于零部件、原材料采购等后向联系。中国内资企业一定要加强在技术创新、产品研发方面与跨国公司的前向联系。争取参与到外资企业的研发过程中。二是，发挥龙头企业对行业内其他企业的带动作用。由于行业内不同企业技术差距较大，技术落后企业达不到技术溢出的门槛，因此，可以通过行业内龙头企业与跨国公司的前后向联系，获得国际技术溢出，再通过龙头企业对落后企业的带动作用，实现行业的技术进步。

（2）通过产业集聚效应加强与跨国公司的联系。

新经济地理学（Krugman，1991；Krugman & Venables，1995）认为，一方面，技术溢出可能导致产业集聚现象；另一方面，产业集聚可以强化产业链之间的相互联系，促进区域内企业的分工协作，带来技术与信息的溢出优势，而成为吸引外商投资的重要条件和提高国际技术溢出效果的重要手段。

中国目前已经建立了众多的高新技术产业开发区，其中初具规模的有北京的中关村、上海的张江科技园、苏州科技园、深圳科技园等。由于 FDI 的带动作用，这些高新技术园区显现出一些产业集聚的特征，但是与发达国家的产业集群差距较大，区域内企业并未真正形成有机联系、分工协作的产业集群。其吸引外商投资及促进技术溢出的作用有限。因此我国应该加快高新技术产业集群的培育，利用产业集群的区位优势、竞争优势、文化相似优势、人力资源集中优势以及服务机构完备优势，吸引外商直接投资并提升国际技术溢出的效果。

首先，科学制定产业集群发展规划。政府要统筹好制造业的行业发展规划与国家产业集群的发展规划；统筹好产业集群规划与核心企业发展规划；统筹好产业集群区域内不同企业的功能定位。

其次，将产业集群纳入全球生产体系。20 世纪 80 年代，台湾当局规划建立新竹工业园区。此工业园区建立的目的就是要吸引外商直接投资，开放本地的生产系统，将其融入全球化的生产网络中。通过外资的技术溢出效应，台湾的制造业迅速从毫无技术基础的劳动密集型加工业发展成为具有设计、改造和应用能力的全球第三大集成电路生产基地。台湾新竹工业园区的发展经历表明,只有开放本地集群,参与全球的分工合作,才有可能吸收 FDI 带来的技术溢出。因此,不同类别的技术密集型制造业应该根据自身的比较优势,以产业集群的方式嵌入全球分工体系中,利用集群间企业的分工、协作,以及与集群内跨国公司的紧密联系,突破跨国公司的技术封锁,提升技术溢出的效果。

最后,促进产业集群的内在机制建设。产业集群是指一群对竞争起重要作用的、相互联系的产业和实体。既包括制造商,零部件、机器及服务等专业化供应商,还向下延伸到销售渠道和客户等。只有加强区域内上下游企业的联系,创立良好的孵化环境,才能促使区域内新企业不断建立和集聚,使区域内各供应商、制造商、客户之间频繁作用,产生协调效应。形成一个相互依存、相互联系的专业化分工网络,真正发挥产业集群的集聚优势。

7.3　研究展望

在开放条件下,从国际技术溢出的视角研究制造业产业升级问题对于促进中国经济发展方式的转变,以及提高中国经济增长的速度和效率等方面都具有重要的现实意义。但是由于笔者的研究能力以及资料、数据收集等的局限性,本书的研究存在许多不足之处和研究空白。这些不足既包括理论分析也包含实证研究。在今后的研究中,笔者将不断努力,力求在以下方向的研究中不断深入和完善:

第一,对于 FDI 渠道国际技术溢出的传导机制以及对产业升级影响的理论分析要更加深入和细致,尝试根据不同的传导机制建立不同的理论模型,分别分析对产业升级造成的影响。

第二,寻找贸易与投资渠道国际技术溢出的关联关系,尝试从两者之间相互促进的角度提出提升技术溢出效果的对策。

第三，研究生产者服务业外商直接投资的国际技术溢出效果，通过生产者服务业技术水平的提升来促进中国制造业的产业升级。

第四，在数据的收集和整理中，力图更加科学的分类和数据处理。不断增加样本容量，尝试采用更加前沿的计量经济学方法，并寻找更加合理的变量来反映产业内和产业间的升级。

附　录

表1　　　　　　　　　　　　制造业分类表

分类	序号	新分类	《国民经济行业分类》（2002）制造业
劳动密集型行业	1	食品、饮料和烟草制造业	农副食品加工业
			食品制造业
			饮料制造业
			烟草制造业
	2	纺织业、鞋、皮革制品	纺织业
			纺织服装、鞋、帽制造业
			皮革、毛皮、羽毛（绒）及其制品业
	3	木材及家具制造	木材加工及木、竹、藤、棕、草制品业
			家具制造业
	4	造纸、印刷及文教体育用品	造纸及纸制品业
			印刷业和记录媒介的复制
			文教体育用品制造业
	8	橡胶及塑料制品业	橡胶制品业
			塑料制品业
资本密集型行业	5	石油加工、炼焦及核燃料加工业	石油加工、炼焦及核燃料加工业
	6	化学制品及化学纤维制品	化学原料及化学制品制造业
			化学纤维制造业
	9	非金属矿物制品业	非金属矿物制品业
	10	金属及加工制品业	黑色金属冶炼及压延加工业
			有色金属冶炼及压延加工业
			金属制品业

分类	序号	新分类	《国民经济行业分类》（2002）制造业
技术密集型行业	7	医药制造业	医药制造业
	11	通用设备制造业	通用设备制造业
	12	专用设备及各种机械设备制造业	专用设备制造业
			仪器仪表及文化、办公用机械制造业
			电气机械及器材制造业
			通信设备、计算机及其他电子设备制造业
	13	交通运输设备制造业	交通运输设备制造业

表2 计算制造业技术水平的数据

制造业	工业废水排放达标率	单位产值能耗（取数值倒数值）	全员劳动生产率（万元/人）	利润率	新产品产值率	专利/研发人员数	人力投入强度	研发强度	技术引进消化吸收比
农副食品加工业	0.919203354	7.3061071676	119.7948782	0.067048245	0.039230071	0.101814301	0.008285484	26.60554239	0.803568705
食品制造业	0.92218058	5.5262177498	91.81068282	0.097551779	0.07284523	0.111960351	0.012125551	48.71377142	0.355126456
饮料制造业	0.938293674	6.7761274571	97.91473859	0.12843531	0.077435061	0.095967505	0.017644126	62.75065645	0.711122607
烟草制品业	0.984287318	28.2855520119	322.7457627	0.126602824	0.119645088	0.146743295	0.020084746	28.6944655	0.222751569
纺织业	0.974192366	2.8844038146	55.39299864	0.064474278	0.132010676	0.132759731	0.010327783	48.98390377	0.841553435
纺织服装、鞋、帽制造业	0.964615001	10.7307527859	44.70669116	0.08344359	0.067955974	0.18990241	0.004131597	22.21883888	0.943391521
皮革、毛皮、羽毛（绒）及其制品业	0.941575267	14.2393482751	35.47986023	0.089724816	0.053628148	0.164264658	0.00311817	19.51736967	0.666213768
木材加工及木、竹、藤、棕、草制品业	0.915011914	2.2782294664	73.61560062	0.080284043	0.074554841	0.253846154	0.004536661	25.5911821	0.594451783
家具制造业	0.985088537	11.9541161881	48.56229413	0.070790735	0.051286518	0.464317181	0.004363495	16.89249553	0.64185479
造纸及纸制品业	0.960172619	1.6126120669	94.2197316	0.067102939	0.111944596	0.081481965	0.013689721	60.70736054	0.383788008

续表

制造业	工业废水排放达标率	单位产值能耗（取倒数值）	全员劳动生产率（万元/人）	利润率	新产品产值率	专利/研发人员数	人力投入强度	研发强度	技术引进消化吸收比
印刷业和记录媒介的复制	0.965779468	3.8731360462	51.2620176	0.115081503	0.091668582	0.071911663	0.017657414	72.38872424	1.874928937
文教体育用品制造业	0.964519141	8.4192752798	27.06800854	0.054678021	0.070056447	0.400040104	0.005829521	43.90967496	0.26392018
石油加工、炼焦及核燃料加工业	0.981092197	1.9824883342	422.7199434	0.006299063	0.023599475	0.039639128	0.014864344	14.624768	1.016027436
化学原料及化学制品制造业	0.960961923	1.1271420021	137.7614754	0.073687617	0.109691543	0.057634024	0.031789963	78.2817352	0.34355028
医药制造业	0.974166445	6.4517258769	85.93152346	0.123146599	0.192401075	0.081477819	0.051529061	155.7137674	1.030177845
化学纤维制造业	0.947133653	3.5049933722	160.9426386	0.059395798	0.143455344	0.111341776	0.035844487	95.21661811	0.348955625
橡胶制品业	0.984237433	3.3956281610	85.55940679	0.054802665	0.164325609	0.073465024	0.024837041	109.4270064	0.587073773
塑料制品业	0.955864571	2.7350477471	56.34800118	0.073256512	0.090110271	0.110964946	0.021295551	74.08730307	1.518469218
非金属矿物制品业	0.938136354	0.6093356091	80.01323404	0.109878394	0.065293712	0.121447452	0.014448345	50.55059257	0.899186846
黑色金属冶炼及压延加工业	0.983274618	0.9125053816	186.0969834	0.032052133	0.106720596	0.059560647	0.024204034	75.72635246	0.707177872

续表

制造业	工业废水排放达标率	单位产值能耗（取倒数值）	全员劳动生产率（万元/人）	利润率	新产品产值率	专利/研发人员数	人力投入强度	研发强度	技术引进消化吸收比
有色金属冶炼及压延加工业	0.961051481	1.7217510484	173.0977844	0.058760687	0.101593019	0.080204901	0.024070305	53.27515055	0.713658292
金属制品业	0.960533298	2.6488015988	73.79196744	0.075400521	0.098638595	0.153188203	0.020277991	45.77528261	0.713417598
通用设备制造业	0.968058215	6.0452212143	87.33941429	0.081760692	0.206003165	0.107827191	0.043327886	129.9464419	0.52898086
专用设备制造业	0.971793288	7.9963969317	87.04021873	0.087290477	0.224795037	0.123416851	0.051001352	165.1204728	0.585700057
交通运输设备制造业	0.966741676	13.7764167678	131.5077409	0.091358176	0.32403441	0.108288404	0.045050163	126.8615354	0.302818062
电气机械及器材制造业	0.942670786	15.7794610493	91.99648245	0.070162875	0.266822141	0.164336795	0.03791393	137.1308177	0.27977417
通信设备、计算机及其他电子设备制造业	0.985041012	22.5147416985	91.42280541	0.042994149	0.234937588	0.147203675	0.044797627	127.026455	0.096337871
仪器仪表及文化、办公用机械制造业	0.988519637	14.2247236413	67.59621451	0.082174484	0.191282495	0.131834532	0.044682485	124.3352989	0.200618298
工艺品及其他制造业	0.933958578	2.5406490020	73.36684574	0.060526673	0.052500732	0.167446555	0.014196086	36.38948845	0.901353965

表3

技术进步变化指标

技术进步变化指标	2001年	2002年	2003年	2004年	2005年	2006年	2007年	2008年	2009年	2010年	2011年
食品、饮料和烟草制造业	1	1.079	1.41349	1.49078	1.60458	1.07583	0.779023	1.033252	0.85514	0.872885	1.140432
纺织业、鞋、皮革制品	1	1.086	1.432434	1.468047	1.787478	1.130624	0.723712	1.000244	0.888349	0.856394	1.11622
木材及家具制造	1	1.086	1.432434	1.468047	1.756314	1.110912	0.723712	1.000244	0.888349	0.856394	1.11622
造纸、印刷及文教体育用品	1	1.083	1.398153	1.533708	1.594296	1.166198	0.902022	1.117926	0.814212	0.836892	1.222128
石油加工、炼焦及核燃料加工业	1	0.994	1.363768	1.764392	1.53034	1.15668	0.971028	1.105893	0.847962	0.86941	1.290495
化学制品及化学纤维制品	1	1.101	1.405977	1.538785	1.60506	1.177488	0.920244	1.13469	0.80006	0.816208	1.263232
医药制造业	1	1.101	1.405977	1.538785	1.60506	1.177488	0.920244	1.13469	0.80006	0.816208	1.263232
橡胶及塑料制品业	1	1.086	1.432434	1.468047	1.787478	1.130624	0.723712	1.000244	0.888349	0.856394	1.11622
非金属矿物制品业	1	1.086	1.432434	1.468047	1.614963	1.066485	0.746025	1.016015	0.848848	0.892944	1.129869
金属及加工制品业	1	1.1	1.4091	1.582035	1.616615	1.188572	0.94886	1.15368	0.786048	0.795304	1.280082
通用设备制造业	1	1.086	1.432434	1.468047	1.622754	1.068714	0.744728	1.020064	0.84838	0.896545	1.150124
专用设备及各种机械设备制造业	1	1.079	1.428596	1.460372	1.614792	1.09068	0.759155	0.989449	0.888465	0.86559	1.09736
交通运输设备制造业	1	1.098	1.403244	1.496538	1.618322	1.094544	0.813384	1.062945	0.831105	0.882497	1.17593

表 4　制造业分行业贸易渠道的国外研发存量

	2001 年	2002 年	2003 年	2004 年	2005 年	2006 年	2007 年	2008 年	2009 年	2010 年	2011 年
食品、饮料和烟草制造业	528758.2209	502025.679	451336.2999	412702.5462	336824.0904	295532.9182	296088.6824	269830.386	206242.1275	144629.6602	79854.88326
纺织业、鞋、皮革制品	1523271.669	1250875.65	925131.8286	700457.1194	565364.2061	463768.04	352539.3767	247445.6852	193981.118	125048.8626	60273.84104
木材及家具制造	166291.6057	148906.1239	111996.3427	84589.3514	68519.69495	53224.2497	39948.75083	30457.82014	29986.46784	25635.77747	15700.63189
造纸、印刷及文教体育用品	634693.7769	553953.9	427265.0894	338866.783	268802.1667	214548.687	202125.0793	157348.1113	137321.2227	89834.04998	46194.81486
石油加工、炼焦及核燃料加工工业	515572.8459	441780.6212	433309.8691	435675.8679	389904.8278	417032.2152	312844.7971	364461.0885	203100.9895	149113.9616	85155.92579
化学制品及化学纤维制品	2974015.473	2889834.62	2481544.343	2285276.863	2112221.045	1774783.235	1558269.708	1188345.12	972830.2012	673305.3007	343529.8926
医药制造业	149030.1336	137804.6742	13846.90533	85621.34399	78150.78758	68626.4229	68539.91732	65658.54572	70564.79232	44181.47724	25712.94193
橡胶及塑料制品业	354911.1681	328963.3106	306201.1211	279262.5925	255276.6417	244033.5556	206311.8063	162149.8873	143191.8767	111979.1511	53596.16733
非金属矿物制品业	194586.1864	160123.0357	135549.199	116888.4989	95975.18416	84917.84795	69557.76222	53687.15402	43520.00551	36945.93843	19419.57346

续表

	2001 年	2002 年	2003 年	2004 年	2005 年	2006 年	2007 年	2008 年	2009 年	2010 年	2011 年
金属及加工制品业	1972674.663	1908910.081	1975173.797	1615349.36	1482256.487	1193527.468	1081087.013	800529.5607	735952.695	454521.7507	212598.6994
通用设备制造业	2547093.351	2535708.598	2316947.946	2125262.96	1651246.739	1414888.845	1185988.384	969259.4336	741315.3665	556887.8796	284003.8228
专用设备及各种机械设备制造业	7186258.052	7554571.967	7619550.489	7284417.759	7027524.906	6499155.523	5460273.003	4051754.584	3256130.715	2232554.471	1029022.77
交通运输设备制造业	1042592.424	969025.9254	989480.5867	781831.8777	633623.3592	699881.4753	593879.6847	479651.6001	450136.6115	359926.9244	189009.1423

表 5　　制造业分行业投资渠道的国外研发存量

	2001 年	2002 年	2003 年	2004 年	2005 年	2006 年	2007 年	2008 年	2009 年	2010 年	2011 年
食品、饮料和烟草制造业	130300.0215	70730.81241	86589.82775	68200.07818	48366.68742	40123.01698	31581.2655	25844.20639	20599.97141	13375.96298	5975.952266
纺织业、鞋、皮革制品	134167.888	50437.07403	92013.95679	76940.28347	56079.56408	44666.31026	34506.79446	26731.81926	17855.68893	9452.672491	4560.145674
木材及家具制造	23042.25312	5555.710851	15163.50011	13610.39733	9735.727204	7741.724038	5886.343051	4458.738062	3061.109443	1959.779721	857.1836534

续表

	2001 年	2002 年	2003 年	2004 年	2005 年	2006 年	2007 年	2008 年	2009 年	2010 年	2011 年
造纸、印刷及文教体育用品	82937.65537	30329.54916	52595.46348	45992.51853	36550.11654	28696.12233	21939.31091	17282.2535	11607.21765	7541.126327	3175.213915
石油加工、炼焦及核燃料加工工业	30787.25237	61017.20123	20842.04699	14940.41637	11707.07483	10354.20496	9486.405997	6020.895366	6032.976756	3598.296955	1633.675485
化学制品及化学纤维制品	108083.4199	114805.5604	73421.73262	63614.85015	57043.25494	53906.3668	41952.44602	35228.71457	26133.8098	18212.45092	8455.307678
医药制造业	23089.51262	18498.38712	17360.56574	14456.31412	12213.10151	9754.144608	7694.999777	6139.963021	5045.877034	3193.036895	1403.493705
橡胶及塑料制品业	82018.41162	20395.12336	58371.14275	46773.3648	35607.98992	27912.47988	21876.67981	17189.86785	12197.55521	7416.160914	3064.563659
非金属矿物制品业	81291.91252	44342.44155	48931.05778	41124.57029	30481.35553	25367.93306	21487.75932	17063.24137	12021.15849	7889.021592	3460.418608
金属及加工制品业	104437.0246	166849.5399	62856.98277	56240.56489	47511.65517	44801.30566	35678.16262	30503.02722	22980.4139	16275.74476	7257.740438
通用设备制造业	46794.3255	30282.29818	34979.00073	27823.25795	24507.22591	20369.75767	16805.42316	14255.8806	10690.09385	7290.483657	3142.81825
专用设备及各种机械设备制造业	296338.424	107016.0315	235970.5685	214128.0175	167240.8755	139485.3007	118518.9141	95475.52696	68461.41305	50467.61703	20504.31147
交通运输设备制造业	102355.7529	65137.71003	77552.57101	64574.0794	55248.60839	49286.41127	41912.94628	36743.19313	26214.96273	17178.55911	7923.61126

表6

制造业分行业国内研发存量

	2001 年	2002 年	2003 年	2004 年	2005 年	2006 年	2007 年	2008 年	2009 年	2010 年	2011 年
食品、饮料和烟草制造业	4916349.794	5575140.667	6403452.184	7310672.08	8592392.023	9729975.139	10866115.49	12229670.82	14218851.75	16270633.66	18245587.5
纺织业、鞋、皮革制品	3710815.908	4315678.901	5072598.327	6087677.415	7649443.267	8845916.73	9893397.218	10871343.15	12125475.86	13481457.14	14739642.73
木材及家具制造	899371.2924	1011792.704	1045883.262	1071709.34	1242330.419	1403066.047	1501168.764	1655293.214	1856184.126	1965154.701	1994705.562
造纸、印刷及文教体育用品	3520805.929	3725012.673	3984374.014	4219859.143	4496273.22	4745711.125	5004385.041	5257582.43	5757332.063	6259376.499	6734272.771
石油加工、炼焦及核燃料加工业	2787885.778	3033219.726	3117348.435	3228351.123	3527327.768	3685413.541	3990472.927	4258242.066	4703449.134	5224371.79	5794486.365
化学制品及化学纤维制品	10088713.75	11652464.38	13615372.31	15759440.57	19414760.7	22221589.52	24928587.34	28171002.51	32841523.31	36186295.47	39536012.56
医药制造业	9212173.077	9884661.712	10532927.27	11328430.47	12395578.9	13116717.36	14011468.93	14859962.33	16346410.93	17755256.12	19154764.69
橡胶及塑料制品业	2168216.493	2606196.225	3161525.049	3739676.161	4694628.792	5302574.716	6247975.278	7055387.111	8391517.523	9369295.611	10606040.57
非金属矿物制品业	4031260.888	4373918.063	4716134.231	5288778.27	5931431.898	6421567.184	6857543.404	7181217.334	8216415.144	9020347.226	9989996.666

续表

	2001 年	2002 年	2003 年	2004 年	2005 年	2006 年	2007 年	2008 年	2009 年	2010 年	2011 年
金属及加工制品业	8957602.47	11268663.91	14371216.03	18643072.54	23959813.42	30305673.64	37281831.94	44433616.47	53289060.2	60457655.42	67588571.45
通用设备制造业	6759631.667	8030442.42	9274253.786	11211514.86	13758741.64	15760186.69	18526532.41	21372252.91	25527222.31	28899006.33	31721376.95
专用设备及各种机械设备制造业	62627574.74	70706531.88	80262904.41	90837265.83	106064311.4	118348979.5	132108106.8	144725568.5	161445461.8	176905811.6	192420523.8
交通运输设备制造业	21287186.67	24160956.87	27619527.08	31249510.72	35883825.95	40820803.94	46136330.59	51809706.94	59962570.34	66077467.36	74375631.25

表 7　制造业分行业产值占制造业总产值的比重

	2001 年	2002 年	2003 年	2004 年	2005 年	2006 年	2007 年	2008 年	2009 年	2010 年	2011 年
食品、饮料和烟草制造业	0.111242011	0.112592027	0.091570012	0.083526028	0.093301436	0.076850595	0.078578171	0.081660167	0.08975078	0.084987926	0.08957611
纺织业、鞋、皮革制品	0.075349568	0.070096778	0.083154673	0.074182229	0.09690379	0.072412404	0.068811247	0.063411933	0.064371063	0.06268263	0.067545623
木材及家具制造	0.00565656433	0.005421984	0.007838707	0.006614809	0.014942341	0.009066459	0.00928092	0.004128799	0.00894015	0.009191203	0.010429528

续表

	2001 年	2002 年	2003 年	2004 年	2005 年	2006 年	2007 年	2008 年	2009 年	2010 年	2011 年
造纸、印刷及文教体育用品	0.024730922	0.024228305	0.020936142	0.019112755	0.025727185	0.018861334	0.018794951	0.01832117	0.017750719	0.017258262	0.016940673
石油加工、炼焦及核燃料加工业	0.082375553	0.074092429	0.066772605	0.072855942	0.05508973	0.07677604	0.070911607	0.074709927	0.066289599	0.070671383	0.070467026
化学制品及化学纤维制品	0.093908821	0.090374304	0.078756451	0.080799116	0.087075173	0.078901147	0.079229005	0.076789743	0.074655105	0.077325496	0.082554349
医药制造业	0.026891937	0.027677885	0.022745858	0.020468418	0.019512215	0.017530291	0.01729974	0.017626242	0.019701993	0.018917318	0.01974367
橡胶及塑料制品业	0.0252875100	0.025088664	0.025313336	0.023412206	0.03334918	0.023487843	0.02273032	0.021478641	0.022073274	0.021725131	0.022931852
非金属矿物制品业	0.032220868	0.030300579	0.029872332	0.028397707	0.042211884	0.027352628	0.028029428	0.029631431	0.032082504	0.03242 6428	0.036157195
金属及加工制品业	0.140137621	0.135542729	0.1465466	0.173349297	0.165104937	0.183683109	0.192581757	0.204575226	0.185536842	0.18182313	0.371046987
通用设备制造业	0.036811887	0.03899772	0.037222519	0.036409363	0.048708212	0.041061085	0.04115216	0.042182859	0.041992248	0.042042108	0.0423827
专用设备及各种机械设备制造业	0.23887523	0.245120875	0.267713951	0.270002173	0.228439288	0.270799968	0.26492677	0.253303102	0.250565473	0.247455239	0.199117652
交通运输设备制造业	0.103016427	0.116969276	0.110955561	0.101499429	0.072141003	0.092286701	0.0968133	0.096502436	0.115302721	0.121414571	0.110701993

攻读博士学位期间发表的学术成果

已发表的论文:

1. 《FDI 对中国制造业国际技术溢出效应的影响因素分析》,《兰州学刊》(CSSCI),2014 年 5 月,第一作者。

2. 《国际技术溢出对中国制造业产业结构升级影响的实证研究》,《河北经贸大学学报》(CSSCI),2014 年 7 月,第一作者。

主持的课题:

1. 主持河北省社科发展课题"提升河北省中药产业国际竞争力的对策研究"(项目编号:20130313)。

2. 主持河北省教育厅课题"面向创业训练的国际贸易专业实践教学改革项目——校内经营性实训基地"。

译名对照表

A		Falvey R	法尔维
Arrow	阿罗	Foster N	福斯特
Aitken	艾肯特	Feenstra	芬斯特拉
B		**G**	
Baranson	巴兰森	Gereffi G	格里菲
Bazan L.	巴赞	Gershenberg	格森伯格
Blomstrom	布罗斯多姆	Girma	吉尔马
Blalock	布莱洛克	Greenaway	格里纳韦
Bitzer	比采尔	Glass	萨吉
Barney J	巴尼	**H**	
BardBride J	巴伯莱德	Humphrey J	凯特里斯克
C		Markusen	马库森
Colin Clark	科林·克拉克	Maskus	马斯库斯
Chenery H	钱纳里	Harrison	哈里森
Caves	凯夫斯	Haddad	哈达德
Cohen	科恩	Hirschman	赫希曼
Coe	科	Hunya	汉亚
D		Hanson	汉森
Driffield	德里菲尔德	Hoffmaister	豪夫米斯特
Damijan etl	达米扬	Helpman	赫尔普曼
E		Herfindalh	赫菲德
Eaton	伊顿	Hejazi	汗泽熙
F		**J**	
Findlay	芬德莱	Javorcik	扎维尔西克

参 考 文 献

［1］Aitken B & Harrison A, Do domestic firms benefit from Forcign Direct Investmen? The evidence from Venezuela, American economic review, 1999, 605 –618.

［2］Albert O, Hirschman & Exit, voice and loyalty: responses to decline in firms, organizations and states, Harvard University Press, 1970.

［3］Arrow KJ, The economic implications of learning by doing, The review of economic studies, 1962, 155 –173.

［4］Bazan L & Navas-Aleman L, The underground revolution in the Sinos Valley: A comparison of upgrading in global and national value chain, Paper for workshop local upgrading in global chains, held at the Institute of Development Studies, University of Sussex, 2001, 14 –17.

［5］Barney J, America: gaining and sustaining competitive advantage, south-western college press, 1996.

［6］Bitzer J & Kerekes M, Does Foreign Direct Investment transfer technology across borders? New evidence economics letters, 2008, 355 –358.

［7］Blalock G, Technology from Foreign Direct Investment strategic transfer through supply chains ［EB/OL］ Haas School of Business, University of California, Berkeley, 2001.

［8］Blomstrom M & Wolf EN, Multinational corporations and productivity convergence in Mexico, National Bureau of Economic Research, Working paper NO 3141. Cambridge, MA. 1989.

[9] Caves RE, Multinational firms, competition and productivity in host-country Markets, Economica, 1974, 176 – 193.

[10] Chenery H, A structuralist approach to development policy, American economic review, 1975, 310 – 316.

[11] Chenery H, Industrialization and growth: a comparative study, New york, oxford university press, 1986.

[12] Cohen M & Levinthal A, Innovation and learning: the two faces of R&D, Economic journal, 1989, 569 – 596.

[13] Colin C, The conditions of economic progress, Macmillan & Co. Ltd, 1940.

[14] Coe & Helpman, International R&D spillers, European economic reviews, 1995, 859 – 887.

[15] Coe, Helpman & Hoffmaister AW, International R&D spillovers and institutions, European economic review, 2009, 1 – 19.

[16] Cukrowski J, Perfect competition and intra-industry trade, Economics letters, 2003, 78.

[17] Driffield N, The impact on domestic productivity of inward investment in the UK, The manchester school, 2001, 103 – 119.

[18] Dong sheng zhou, Li shao ming & Tse DK, The impact of FDI on the productivity of domestic firms: the case of China, International business review, 2002, 465 – 484.

[19] Eaton J & Kortum S, Trade in ideas: patenting and productivity in the OECD, Journal of international economics, 1996, 251 – 278.

[20] Eaton J & Kortum S, International patenting and technology diffusion: theory and measurement, International economic review, 1999, 537 – 570.

[21] ESCAP/UNCTC, Costs and conditions of technology transfer through transnational corporations: A regional perspective, Bangkok: ESCAP, 1984, 3 – 36.

[22] Falvey R, Foster N & Greenaway D, North-South trade, knowledge spillovers and growth, Journal of economic integration, 2002, 650 – 670.

[23] Feenstra RC & Hanson GH, Foreign Investment, outsourcing and wage inequality, National bureau of economic research, Working Paper, 1995, No. 5121.

[24] Findlay R, Relative backwardness, direct foreign investment and the transfer of technology: a simple dymamic model, The quarterly journal of economics, 1978, 1 – 16.

[25] Gereffi G, International trade and industrial upgrading in the apparel commodity chain, Journal of international economies, 1999, 37 – 70.

[26] Gereffi G, Humphrey J & Sturgeon T, The governance of global value chains: an analytic framework, Review of international political economy, 2005, 12, 78 – 104.

[27] Gereffi G & Memedovic O, The global apparel value chain: what prospects for upgrading by developing countries, United Nations Industrial Development Organization, http://www. unido. org, 2003.

[28] Geriffith R, Redding S & Van Reenen J, Mapping the two faces of R&D: productivity growth in a panel of OECD industries, IFS working paper WP02/00, institute for fiscal strudies London, 2000.

[29] Glass AJ & Saggi K, Intellectual property rights and Foreign Direct Investment, Journal of international economics, 2002, 387 – 410.

[30] Glass AJ & Saggi K, Exporting versus direct investment under local sourcing, Review of world economics, 2005, 627 – 647.

[31] Girma S, Greenaway D & Wakelin K, Who benefits from Foreign Direct Investment in the UK, Scottish journal of political economy, 2001, 119 – 133.

[32] Haddad M & Harrison A, Are there positive spillovers from Direct Foreign Investment? evidence from panel data for Morocco, Journal of development economics, 2008, 412 – 435.

[33] Hejazi WA & Safarian E, Trade, Foreign Direct Investment and R&D spillovers, Journal of international business studies, 1999, 491 – 511.

[34] Humphrey J & Schmitz H, Governance and upgrading: linking industrial cluster and global value chains research, IDS Working Paper, Institute of development studies university of sussex, 2000.

[35] Irving G, The training and spread of managerial Know-how: A comparative analysis of multinationals and other firms in Kenya, Globalization of the world economy series, 2008, 3 – 11.

[36] Javorcik BS, Does Foreign Direct Investment increase the productivity of domestic firms in search of spillovers through backward Linkages? American economic review, 2004, 605 – 627.

[37] Kaplinsky R, Globalization and unequalisation: what can be learned from value chain analysis, Journal of development studies, 2000, 117 – 145.

[38] Kapur S, Technological diffusion with social learning, Journal of industrial economics, 1995, 173 – 195.

[39] Katz JM, Production functions, Foreign investment and growth, Amsterdam North Holland Publishing Co, 1969.

[40] Keller W, The geography and channels of diffusion at the world's technology frontier, NBER Working Paper, 2001.

[41] Keller W, Trade and the transmission of technology, Journal of

economic growth, 2002, 5 – 24.

［42］Keller W, International trade, Foreign Direct Investment, and technology spillovers, NBER Working Papers, 2009.

［43］Keller R, Absorptive capacity: on the creation and acquisition of technology in development, Journal of development economics, 1996, 199 – 222.

［44］Kenneth J & Arrow, The economic implications of learning by doing, The review of economic studies, 1962, 155 – 173.

［45］Kinoshita Y, R&D and technology spillovers via FDI: innovation and absorptive capacity, William Davidson Institute Working Paper, 2000, 349.

［46］Koizumi T & Kopecky KJ, Economic growth, capital movements and the international transfer of technical knowledge, Journal of international economics, 1977, 45 – 65.

［47］Kojima K, Direct foreign investment: a Japanese model of multinational business operation, London, Croom Helm, 1978.

［48］Kokko A, Foreign Direct Investment, host country characteristics and spillovers, The economic research institute, Stockholm, 1992.

［49］Kokko A, Technology, market characteristics and spillovers, Journal of development economics, 1994, 279 – 293.

［50］Langdon S, Multinational corporations in the political economy of Kenya, NewYork, St. Martin's Press, 1981.

［51］Lichtenberg F & Pottlesberghe de la Potterie BV, International R&D spillovers: a comment, European economic review, 1998, 1483 – 1491.

［52］Liu ZQ, Foreign Direct Investment and technology spillovers: theory and evidence, Journal of development economics, 2006, 176 – 193.

［53］Lucus RE Jr, On the mechanics of economic development,

Journal of monetary economics, 1988, 3 - 42.

[54] Macdougall GDA, The benefits and costs of private investment from abroad: a theoretical approach, Economic record, 1960, 189 - 211.

[55] Markusen JR, Foreign direct investment as a catalyst for industrial development, European economic review, 1999, 335 - 356.

[56] Riedel J, Factor proportions, linkages and open developing economy, The review of economics and statistics, 1975, 487.

[57] Romer PM, Increasing returns and long-run growth, The journal of political economy, 1986, 1002 - 1037.

[58] Romer PM, Endogenous technological change, Journal of political economy, 1990, 71 - 102.

[59] Romer PM, Two strategies for economic development using ideas and producing ideas, In proceedings of the world bank annual conference on development economics, washington D. C. World bank, 1992.

[60] Rostow WW, The process of economic growth, New york, Norton, 1952.

[61] Savvides A & Zachariadis M, International technology diffusion and the growth of TFP in the manufacturing sector of developing economies, Review of development economics, 2005, 182 - 201.

[62] Schoors K & Van der Tol B, Foreign Direct Investment spillovers within and between Sectors: evidence from Hungarian data, Working papers of faculty of economics and business administration, Gbent University, 2002.

[63] Sjoholm F, Technology gap, competition and spillovers from direct foreign investment: evidence from establishment data, Journal of development studies, 1999, 53 - 73.

[64] Sjoholm F, International transfer of knowledge: the role of international trade and geographic proximity, Weltwirtschaftliches Archive,

1996, 97 – 115.

［65］Solow RM, Technical change and the aggregate production function, Review of economics and statistics, 1957, 312 – 320.

［66］UNCTAD, World Investment Report 2001, New York and Geneva, United Nations, 2001.

［67］Vernon R, International investment and international trade in the product cycle, The quarterly journal of economics, 1966, 190 – 207.

［68］Walz U, Innovation, foreign direct investment and growth, Economica, 1997, 63 – 79.

［69］Wang JY & Blomstrom M, Foreign investment and technology transfer: A simple model, European economic review, 1992, 137 – 155.

［70］Xu B, Multinational enterprise, technology diffusion, and host country productivity growth, Journal of development economics, 2000, 477 – 49.

［71］Yang G & Maskus K, Intellectual property rights, licensing and innovation in an endogenous product-cycle model, Journal of international economics, 2001, 169 – 187.

［72］Yeaple SR, The complex integration strategies of multinationals and cross country dependencies in the structure of foreign direct investment, Journal of international economics, 2003, 293 – 314.

［73］Yusaf HA & Bardbride J, Multinational enterprise strategy, foreign direct investment and economic development: the case of Hungrian banking industry, Journal of world Business, 2004, 89 – 105.

［74］Ziss S, strategic R&D with spillovers, collusion and welfare, Journal of industrial economics, 1994, 375 – 393.

［75］白洁, 对外直接投资的逆向技术溢出效应——对中国全要素生产率影响的经验检验, 世界经济研究, 2009, 8, 65 – 69。

［76］陈羽, 邝国良, "产业升级"的理论内核及研究思路述评,

改革，2009，10，85 – 89。

[77] 陈羽，朱子凯，贺扬，技术差距如何影响 FDI 技术溢出效应？——基于中国制造业面板数据的实证分析，世界经济研究，2012，6，70 – 74。

[78] 陈望远，黄金波，FDI 对我国产业升级影响的实证研究——基于面板随机系数模型的分析，产经评论，2012，5，52 – 58。

[79] 陈柳，刘志彪，本土创新能力、FDI 技术外溢与经济增长，南开经济研究，2006，3，90 – 101。

[80] 陈涛涛，范明曦，马文祥，对影响我国外商直接投资行业内溢出效应的因素的经验研究，金融研究，2003，5，117 – 126。

[81] 崔新建，外商对华直接投资决定因素实证分析，当代经济科学，2000，4，31 – 33。

[82] 丁少群，王信，老龄化背景下的农村可持续养老保障制度改革研究，中国经济问题，2012，3，52 – 60。

[83] 丁小义，基于行业技术水平分类分析 FDI 的技术溢出效应，国际商务——对外经济贸易大学学报，2008，4，70 – 77。

[84] 范林根，发达国家和新兴国家（地区）制造业发展现状研究，山东大学学报哲学社会科学版，2012，4，104 – 110。

[85] 范爱军，刘强，国际技术扩散测度国外研究综述，国际贸易问题，2011，8，41 – 47。

[86] 方希桦，包群，赖明勇，国际技术溢出：基于进口传导机制的实证研究，中国软科学，2004，7，58 – 64。

[87] 高峰，利用外资促进我国产业结构优化作用机理探讨，经济问题，2002，11，18 – 20。

[88] 韩佳琳，FDI 对中国制造业发展的影响研究，北京工商大学硕士论文，2010，3。

[89] 洪英，基于 G – S – T – T – S 框架的辽宁 FDI 效应研究，辽宁大学博士论文，2012，12。

［90］胡琪玲，外资 R&D 对本地企业创新能力的技术溢出效应研究——基于高技术产业行业特征的视角，华南理工大学硕士论文，2013，6。

［91］胡隆基，张毅，吸收能力、技术差距对国际技术溢出的影响研究：基于中国电子信息产业的调查数据，科研管理，2010，5，87 - 95。

［92］黄日福，陈晓红，FDI 与产业结构升级：基于中部地区的理论及实证研究，管理世界，2007，3，154 - 155。

［93］黄日福，我国中部地区 FDI 与产业结构升级的关系研究，中南大学博士论文，2007，4。

［94］姜瑾，朱桂龙，外商直接投资，垂直联系与技术溢出效应——来自中国工业部门的经验证据，南方经济，2007，2，46 - 56。

［95］江锦凡，外商直接投资在中国经济增长中的作用机制，世界经济，2004，1，3 - 10。

［96］江小涓，跨国投资、市场结构与外商投资企业的竞争行为，经济研究，2002，9，31 - 38。

［97］江东，对外直接投资与母国产业升级：机理分析与实证研究，浙江大学博士论文，2010，6。

［98］金艳清，FDI 对中部地区产业升级的影响研究，南昌大学博士论文，2012，12。

［99］金基瑶，外商在华直接投资独资化趋势分析，商业时代，2012，6，56 - 57。

［100］靳娜，中国 FDI 技术溢出影响因素与渠道分析，重庆大学博士论文，2011，3。

［101］康娜，基于人力资本视角的 FDI 技术溢出效应的实证研究，南京财经大学硕士论文，2010，11。

［102］孔文，利用外商直接投资调整产业结构中的矛盾分析，东北财经大学学报，1999，3，56 - 59。

[103] 赖明勇，包群，彭水军，张新，外商直接投资与技术外溢：基于吸收能力的研究，经济研究，2005，8，95－105。

[104] 李宝会，国际直接投资与中国产业结构升级的相关性分析，上海社科院研究生院硕士论文，2006，5。

[105] 李变花，中国经济增长质量研究，吉林大学博士论文，2005，5。

[106] 李景睿，FDI 与前沿技术进步、技术效率的关系研究——基于 DEA 的珠江三角洲城市面板数据分析，国际经贸探索，2009，10，46－51。

[107] 李平，国际技术扩散的路径和方式，世界经济，2006，9，85－93。

[108] 李平，崔喜君，进口贸易与国外专利申请对中国区域技术进步的影响——基于东、中、西部面板数据的实证分析，世界经济研究，2007，1，28－32。

[109] 李小平，朱钟棣，国际贸易的技术溢出门槛效应——基于中国各地区面板数据的分析，统计研究，2004，10，27－32。

[110] 李小平、朱钟棣，国际贸易、研发溢出和生产率增长，经济研究，2006，2，31－43。

[111] 刘伟全，张宏，FDI 行业间技术溢出效应的实证研究——基于全球价值链的视角，世界经济研究，2008，10，56－64。

[112] 刘志彪，全球化背景下中国制造业升级的路径与品牌战略，财经问题研究，2005，5，25－31。

[113] 刘志彪、张杰，全球代工体系下发展中国家俘获型网络的形成突破与对策——基于 GVC 与 NVC 的比较视角，中国工业经济，2007，5，39－47。

[114] 吕世生，张诚，当地企业吸收能力与 FDI 溢出效应的实证分析——以天津为例，南开经济研究，2004，6，72－77。

[115] 马亚明，张岩贵，技术优势与对外直接投资：一个关于

技术扩散的分析框架，南开经济研究，2003，4，10 - 19。

[116] 明崧磊，基于发达国家"再工业化"背景下中国制造业发展研究，北京邮电大学硕士论文，2013，3。

[117] 乔翠霞，国际技术转移与我国工业结构升级，山东大学博士论文，2007，5。

[118] 秦晓钟，外商对华直接投资技术外溢效应的实证分析，江苏经济探讨，1998，4，47 - 50。

[119] 茹玉骢，技术寻求型对外直接投资及其对母国经济的影响，经济评论，1998，11，109 - 113。

[120] 石旭东，外商直接投资与我国产业升级：机理与实证，浙江大学硕士论文，2012，5。

[121] 孙佳，中国制造业产业升级研究——基于分工的视角，吉林大学博士论文，2011，5。

[122] 宋京，开放经济下的技术进步——理论与基于中国经验的实证研究，复旦大学博士论文，2004，4。

[123] 宋维佳，王军微，ODI 对母国制造业产业升级影响机理分析，宏观经济研究，2012，11，39 - 45。

[124] 田泽勇，FDI 的资本形成与技术溢出效应研究——基于江苏民营制造业视角，南京航空航天大学博士论文，2009，12。

[125] 田洪川，中国产业升级对劳动力就业的影响研究，北京交通大学博士论文，2013，6。

[126] 涂颖清，基于全球价值链理论的我国产业升级研究综述，江西行政学院学报，2011，4，34 - 38。

[127] 汪俊，外商直接投资（FDI）对制造业技术创新能力影响的实证研究，中南大学博士论文，2010，6。

[128] 王春法，FDI 与内生技术能力培育，国际经济评论，2004，2，19 - 22。

[129] 王保林，产业升级是沿海地区劳动密集型产业发展的当务

之急，经济学动态，2009，2，32－36。

[130] 王志鹏，李子奈，外资对中国工业企业生产效率的影响研究，管理世界，2003，4，17－25。

[131] 王洛林、江小涓、卢圣亮，大型跨国公司投资对中国产业结构、技术进步和经济国际化的影响（上）（下），分别载于中国工业经济，2000（4）、（5）：5－12，5－10。

[132] 王中昭，石荣，工业制成品的进出口技术扩散与吸收功能效应分析，广西大学学报（哲学社会科学版），2009，10，20－27。

[133] 王文治，陆建明，FDI对中国制造业污染排放影响的经验分析，经济经纬，2012，1，52－56。

[134] 王岳平，开放条件下的工业结构升级研究，中国社科院博士论文，2002，5。

[135] 王帅，外商对华直接投资发展历程及在华四大经济区域投资差异分析，对外经贸，2013，9，55－57。

[136] 王博，中国制造业企业技术发展路径研究，对外经济贸易大学硕士论文，2006，4。

[137] 吴建军，仇怡，贸易、技术进步与经济增长关系研究综述，当代经济管理，2005，6，29－31。

[138] 吴延兵，用DEA方法测评知识生产中的技术效率与技术进步，数量经济技术经济研究，2008，7，67－79。

[139] 冼国明，杨锐，技术积累、竞争策略与发展中国家对外直接投资，经济研究，1998，11，56－63。

[140] 许鸿文，FDI技术外溢的机制与影响因素分析，华中科技大学博士论文，2013，5。

[141] 许和连，王艳，邹武鹰，人力资本与国际技术扩散：基于进口贸易的实证研究，湖南大学学报（社会科学版），2007，2，62－66。

[142] 姚君，外商直接投资对产业结构升级的作用机制研究，经

济与管理，2005，4，41-43。

［143］杨全发、韩樱，知识产权保护与跨国公司对外直接投资策略，经济研究，2006，4，28-34。

［144］严颖，劳动力成本对中国制造业出口的影响，复旦大学硕士论文，2011，5。

［145］于明超，刘志彪，江静，外来资本主导代工生产模式下当地企业升级困境与突破——以中国台湾笔记本电脑内地封闭式生产网络为例，中国工业经济，2006，11，108-116。

［146］岳金桂，基于进口与 FDI 传导机制的技术溢出效应研究——中国的实证分析，河海大学博士论文，2007，3。

［147］岳彩东，程静，全要素生产率文献综述，经济研究导刊，2013，9，9-10。

［148］张伟，用 GTAP 模型分析国际技术溢出对中国的影响——以工业制成品部门为例，重庆大学硕士论文，2007，5。

［149］张志新，国际技术扩散进程中的中国人力资源开发策略，武汉大学学报，2008，1，24-29。

［150］张明志、李敏，国际垂直专业化分工下的中国制造业产业升级及实证分析，国际贸易问题，2011，1，118-128。

［151］张桂梅，张平，价值链分工背景的产业发展风险分析及其庇护，改革，2011，5，50-55。

［152］张世贤，工业和制造业是经济升级的核心基础，中国经济周刊，2013，8，19。

［153］张韵君，孟祺，金融危机背景下我国制造业升级探析，世界经济与政治论坛，2009，4，8-12。

［154］张宗斌，郝静，基于 FDI 视角的中国制造业结构升级研究，山东社会科学，2011，5，151-155。

［155］张平，全球价值链分工与中国制造业成长，辽宁大学博士论文，2013，5。

[156] 赵红岩，田夏，本土创新能力、跨国资本技术溢出与长三角高技术产业升级，上海经济研究，2013，7，81 – 90。

[157] 周艳梅，外商直接投资与我国工业结构升级研究，华中科技大学博士论文，2011，6。

[158] 卓越，张珉，全球价值链中的收益分配与"悲惨增长"——基于中国纺织服装业的分析，中国工业经济，2008，7，131 – 140。

[159] 朱春临，国际技术外溢与自主创新——理论与基于中国数据的实证研究，复旦大学博士论文，2008，4。

[160] 邹玉娟，陈漓高，我国对外直接投资与技术提升的实证研究，世界经济研究，2008，5，70 – 77。